日本军国主义的野蛮侵略，激起中国人民的奋勇抵抗。九一八事变成为中国人民抗日战争的起点，并揭开了世界反法西斯战争的序幕。

——摘自《习近平在纪念中国人民抗日战争暨世界反法西斯战争胜利69周年座谈会上的讲话》

“十三五”国家重点出版物出版规划项目

十四年抗战在沈阳打响第一枪

沈阳抗战故事集

王建学　张　洁◎主编

沈阳出版发行集团
沈阳出版社

图书在版编目（CIP）数据

十四年抗战在沈阳打响第一枪：沈阳抗战故事集 / 王建学，张洁主编 . —沈阳：沈阳出版社，2018.1
ISBN 978-7-5441-9027-5

Ⅰ . ①十… Ⅱ . ①王… ②张… Ⅲ . ①抗日战争—中国—青少年读物 Ⅳ . ① K265.09

中国版本图书馆 CIP 数据核字（2018）第 002085 号

出版发行：沈阳出版发行集团 | 沈阳出版社
（地址：沈阳市沈河区南翰林路 10 号　邮编：110011）
网　　址：http://www.sycbs.com
印　　刷：沈阳海世达印务有限公司
幅面尺寸：165mm × 230mm
印　　张：14
字　　数：150 千字
出版时间：2018 年 1 月第 1 版
印刷时间：2018 年 7 月第 2 次印刷
责任编辑：萧大勇
封面设计：琥珀视觉
版式设计：润泽文化
责任校对：代雪华　高玉君
责任监印：杨　旭

书　　号：ISBN 978-7-5441-9027-5
定　　价：25.00 元

联系电话：024-24112447
E - mail：sy24112447@163.com

序　言

中国抗日战争是世界反法西斯战争的重要组成部分，是亚太地区反对日本法西斯侵略的主战场。中国抗击日本法西斯侵略的战争，开始最早、历时最久，面对侵略者，中华儿女不屈不挠、浴血奋战，付出了重大的民族牺牲，铸就了战争史上的奇观，是中华民族的壮举。中国抗日战争不仅使中国人民取得了民族解放战争的胜利，同时也对世界反法西斯战争的胜利、为人类和平发展，做出了不可磨灭的重大贡献。

沈阳是中国抗日战争的起点和终点。1931 年九一八事变打响了中国抗日战争的第一枪，揭开了世界反法西斯战争的序幕，1956 年中国最高人民法院特别军事法庭在沈阳完成了最后一批日本战犯的审判，标志着世界反法西斯战争落下了终场的帷幕。同时，沈阳也是中国抗日战争的焦点，十四年的抗战，诸多重大节点性事件都发生在沈阳。1935 年，唱响世界的《义勇军进行曲》最早发源于沈阳及周边地区，万众一心、众志成城的反法西斯斗争精神从沈阳走向了国际社会。1945 年 8 月，伪满洲国皇帝溥仪在沈阳东塔机场被捕，日本帝国主义扶持的傀儡政权被彻底瓦解。在那场旷日持久的世界性反法西斯战争中，最早奋起抗战和最后正义审判都发生在沈阳，可以说，沈阳抗战是“起点中的起点，终点后的终点”。

2015 年 7 月，习近平总书记在中共中央政治局关于中国人民抗日战争的回顾和思考的集体学习会上发表重要讲话，他指出：“我们不仅要研究七七事变后全面抗战八年的历史，而且要注重研究九一八事变后十四年抗战的历史，十四年要贯通下来统一研究。”2017 年 1 月，国家教育部下发了《关于在中小学地方课程教材中全面落实“十四年抗战”概念的函》，要求各级教育主管部门全面排查，凡有“八年抗战”字样均改为“十四年抗战”，并视情况修改与此相关内容，确保树立并突出“十四年抗战”概念。习近平总书记的讲话为中国抗战史研究与宣传提供了基本原则，“十四年抗战”概念正在按照国家意志全面落实。“十四年抗战”概念是论从史出的科学结论，其首要意义是明确了中国抗战是始于 1931 年的九一八事变。九一八事变之夜，驻守北大营的东北军爱国官兵违抗“不抵抗”命令奋起反击打响了突围战，打响十四年抗战的第一枪，这是世界反法西斯战争的首战枪声。同时，在九一八事变之夜，身居沈阳前线的中共满洲省委基于对形势的敏锐判断，连夜起草并于 9 月 19 日发表了《中共满洲省委为日本帝国主义武装占领满洲宣言》，这是中国抗战史暨国际反法西斯战争史上第一篇抗战宣言，是中国共产党代表中国人民声讨日本侵略行径的第一篇战斗檄文，为中国抗日战争吹响了号角，彰显了中国共产党在抗日战争期间的中流砥柱作用。

为贯彻落实习近平总书记关于十四年抗战的重要讲话精神，沈阳市委宣传部组织辽沈抗战史专家编著出版《十四年抗战在沈阳打响第一枪——沈阳抗战故事集》。故事集将前六年抗战与后八年抗战充分整合，充分体现了沈阳抗战在中国抗战、世界反法西斯战争中的重要地位，凸显了中华儿女在那场“凤凰涅槃、浴火重生”的抗日战争中保家卫国、不怕牺牲的民族情怀。

作为一座具有悠久历史传承的古老城市，沈阳既有代表古人类文明的新乐遗址，也有位列世界文化遗产的清文化遗存，既有近代工业繁荣的痕迹，也有共和国长子的风骨与担当。沈阳抗战文化不仅是具备沈阳各时段经典文化的地域特征和深厚底蕴的城市文化，更是具备全国性意义和重大国际影响的文化资源。因此，在“十四年抗战”研究与宣传上，沈阳责无旁贷。编写《十四年抗战在沈阳打响第一枪——沈阳抗战故事集》不仅向世人展现沈阳抗战历史，体现沈阳抗战精神，也会对中国抗战及世界反法西斯战争的研究起到重要的推动作用。

通过《十四年抗战在沈阳打响第一枪——沈阳抗战故事集》的讲述，宣传沈阳抗战历史，进而凸显沈阳抗战精神，再现英雄城市形象。通过抗战故事传播，让沈阳的抗战历程植根于辽沈大地，并广泛流传。通过抗战故事传播，也可以让世界更多地了解沈阳是世界反法西斯战争中最早抗战和最终落幕的城市，是一座英雄的城市，是国际正义力量屡次团结共同抵制法西斯侵略的城市，是为世界反法西斯战争的胜利做出重大贡献的城市。

该故事集收集了抗战第一枪的故事、第一篇抗战宣言的故事、东北义勇军抗战的故事、沈阳“九君子”与“沈阳拉贝”的故事、义勇军特工的故事、东北大学抗战和冯庸大学抗战的故事、东北抗联的故事、沈阳二战盟军战俘营里中国工友帮助盟军战俘的故事、沈阳审判日本战犯的故事、“九一八”撞钟鸣警的故事等。这些故事饱含家国情怀，尽显民族品格，更兼世界友爱。编写组把这些原本厚重的历史以活泼的笔法、轻松的语言予以概述，目的是使其通俗易懂、老少皆宜，在轻松入眼入脑的过程中浸润人心。

历史不会重来，未来可以期待。沈阳地处东北亚经济圈和环渤海经济圈的中心，作为东北地区重要的中心城市，沈阳的区位优势、交通优势、开放优势、创新优势十分明显。国务院批复的《沈阳市城市总体规划（2011—2020 年）》，赋予了沈阳建设现代化、特大型城市的更高定位。伫立改革发展潮头，放眼沈阳振兴大业，勤劳、勇敢、智慧的沈阳人民尤需秉承中华民族不服输、不畏难、勇于奉献、不惧牺牲的抗战精神，凝心聚力，再创佳绩，再铸辉煌。讲好沈阳抗战故事，传承沈阳抗战精神，既是为沈阳经济发展、城市进步和文化繁荣提供精神动力，同时也为中国抗战史的研究、为世界和平主题和人类命运共同体建设奉献出一部抗战历史故事“教科书”。

中国日本史学会名誉会长

汤重南

2017 年 10 月

目 录
CONTENTS

目 录
CONTENTS

王铁汉打响抗战第一枪的故事

王铁汉是中国著名抗日将领。1931年九一八事变发生之夜，面对上峰下达的“不抵抗”命令，王铁汉怒发冲冠，率部打响了中国十四年抗战的第一枪。而后，他又先后参加了长城抗战、淞沪抗战、武汉会战、湖南会战、浙赣会战等大型战役，抗日战功显赫，多次受到嘉奖。王铁汉在中国抗战史和世界反法西斯战争史上立下首战之功，做出了不可磨灭的贡献。

◎ 王铁汉将军

少年求学　志在强国

1902 年 2 月 11 日，王铁汉出生在奉天省广宁县（今盘锦市盘山县）后才屯村，幼年便显露出同龄人所不具备的敏慧聪颖。前才屯村里张家是大户人家，书香门第。张佩青学识渊博，见多识广，大家都叫他“张秀才”。王铁汉 8 岁时拜张秀才为师，成为他的关门弟子。9 岁时，王铁汉已经通读了“四书”。

当时，后才屯村一带的最高学府是“才家私学”。先生才助臣 40 多岁，精明练达，国学造诣很深，诗书经史样样精通，在后才屯村一带很有威望。才先生喜欢王铁汉聪颖和敏锐，确信这孩子就像一只蛰伏的大鹏鸟，假以时日一定会展翅高飞。

在才先生家的书橱里，王铁汉看到了维新变法、革命救国的文章和书刊。他读了梁启超的书以后大受启发，尤其是《饮冰室文集》使他确立了爱国报国的思想信念。

一日，王铁汉去才先生家里还书，师生二人进行了一次深刻的交流。

“你这样喜欢梁启超的文章，说说看，你读了梁先生的文章，有何感受？”才先生问王铁汉。

王铁汉毕恭毕敬地回答：“梁先生的文章像鼓乐，像号角，振聋发聩。梁先生这样的爱国者，令人景仰。民智在于开启，民情在于振奋，民心在于图强。中国五千年之邦，却变为僵化保守，当局者愚昧民思、压迫民怨、榨取民膏，使国人颓唐、不思进取、任人欺凌宰割，实在可悲。日本弹丸之地，尚能维新强国，雄踞东亚，吾辈也向往维新，向往革命，赶超日本。”

王铁汉的回答，让才先生大吃一惊。才先生以梁启超《少年中国说》借题发挥：

“梁先生曰，今日之责任，不在他人，而全在我少年。少年智则国智，少年富则国富，少年强则国强，少年独立则国独立，少年自由则国自由，少年进步则国进步，少年胜于欧洲则国胜于欧洲，少年雄于地球则国雄于地球。余生已不堪大任，可余仍期待学生们学业有成，有所造就，为国尽忠尽责。”

王铁汉听完先生的话，郑重表态：“定不负先生教导！”

离开才家私学后，王铁汉于1914年秋天考入锦县县立第二高小。高小毕业后，他考入沈阳

阅读感悟

民智在于开启，民情在于振奋，民心在于图强！

—— 王铁汉

的省立第四中学。中学毕业后，他又考入北京大学预科班。

弃学从军　立志报国

1922年7月中旬，一列从北京开往沈阳的火车驶出了山海关火车站。王铁汉和同学石世安乘坐的是普通车厢，他们坐在门口边的两个座位上。

窗外，天空阴沉沉的，飘洒着稀疏的小雨，雨滴轻轻滑落在茂密的绿油油的庄稼上，日本铁路守备队的碉堡时常在路基旁一闪而过。手执警棍的日本列车乘警在车厢巡查，不时地叫旅客打

◎ 王铁汉故居（位于今沈阳市和平区北四经街）

开包裹。日俄战争以后，长春以南的东北地区已经变成日本的势力范围，铁路成为日本侵略东北的动脉。

石世安看到邻座有一位学生打扮的青年人，手里拿着一份《盛京时报》，上面有一则十分醒目的消息：东三省陆军讲武堂今年将首次招收普通学生入学。就是这则消息，即将改变王铁汉的人生方向。

那个假期，王铁汉给石世安写信说家里欠下债务，他想尽自己的能力报答父母的养育之恩，准备从北大预科辍学，替父亲掌管家中事务，帮助家庭渡过难关。

石世安立即给王铁汉回信，鼓励他不要放弃自己的理想和追求。石世安希望王铁汉报考东三省陆军讲武堂，并表示自己愿意一同报考。东三省陆军讲武堂首次面向社会招收高中学生，不收学费，一旦录取，一切费用都由校方承担。除此之外，还另有津贴，可以补贴家用。石世安在信尾特别强调："这是从军报国的好机会，一定不要放弃！"

在石世安的鼓励下，王铁汉重新定位了人生坐标，为了中国人不再受欺辱，为了国家走向强大，他要从军报国！

1922 年 9 月下旬，王铁汉和石世安收到了东三省陆军讲武堂的录取通知单，从此开始了戎马生涯。

1928 年 12 月 29 日，中国发生了一件具有重大历史意义的事件——东北易帜，全国统一。张学良任东三省保安总司令，励精图治。

这时，王铁汉被调到沈阳北大营东北边防军陆军步兵第一旅第三十七团担任团长。第二年 1 月，国民政府举行裁军编遣会议，王铁汉所属东北边防军陆军步兵第一旅改称陆军步兵独立第七旅，他也被任命为改编后的第六二〇团上校团长，仍然驻守北大营。北大营是沈阳城的重要藩篱，是重兵把守之地。

◎ 北大营旧貌

第七旅总兵力 7000 多人。除下设 3 个步兵团外，旅直属部队有骑兵、炮兵、通信和特务4个独立连，每连有捷克式步枪120支、捷克式轻机关枪12挺，团还直属有重机关枪连、迫击炮连、平射炮连、通讯排，在原东北军中装备最为精良。

第七旅是东北军的劲旅，士兵训练有素，旅训斗志昂扬："我民族受强邻之压迫，危在目前。凡我旅官、士、兵、夫等，务本总理遗嘱及司令长官意旨，牺牲一切，努力工作，以互助之精神，精诚团结，共赴国难。"

第七旅的士兵要学习"问答十二条"。

问：我们的父母是什么人？

答：是老百姓。

问：我们的兄弟、姐妹、亲戚是什么人？

答：是老百姓。

问：我们穿的衣服是从哪里来的？

答：是从老百姓那里来的。

问：我们吃的粮食是从哪里来的？

答：是从老百姓那里来的。

问：我们原来是什么人？

答：也是老百姓。

◎ 位于北大营内的东北军独立第七旅司令部

问：我们和老百姓有这样的关系，应当怎样对待老百姓？

答：应当爱护他们，帮助他们，保护他们……

这些问答似乎很简单，但是突出了部队与老百姓的关系。在第七旅，这些问答几乎每天训练的时候都会重复，时间长了士兵们必然入脑入心。

第七旅还有自己的旅歌。《第七旅旅歌》的歌词是：“痛我民族，屡受强邻之压迫。最伤心，割地赔款，主权剥夺。大好河山成破碎，神州赤子半漂泊。有谁人奋起救祖国，救祖国。我七旅官士兵夫，快起来快负责。愿合力同心起来工作，总理遗嘱永不忘，长官意志要严摩。乘长风直破万里浪，救祖国。”

这首旅歌是按照词牌《满江红》填的词，歌词情感真挚，立意高新，既悲戚又振奋，表达了第七旅官兵的赤子之情；歌曲曲调激昂，雄壮有力，慷慨豪迈。每每听后，将士们都热血沸腾。

第七旅治军严明，威名远扬，成为少帅张学良手中的王牌部队。

风云巨变　强敌进犯

1931 年 9 月 18 日晚 10 点多，身在沈阳家中的王铁汉听到北大营方向传来巨大的爆炸声。他迅速穿好军装，飞身上马赶回北大营……

半小时前，日本关东军独立守备大队第二大队第三中队的河本末守工兵中尉，以巡视南满铁路为由，悄悄带领松冈等七八人组成的小分队，背负着一块块像砖头一样的黄色炸药，沿着铁路线鬼鬼祟祟地向柳条湖方向赶去，然后在预先选定的地点停了下来。此地，离北大营最近距离只

阅读感悟

乘长风直破万里浪，救祖国。

——陆军步兵独立第七旅旅歌（节选）

◎ 民间收藏家收藏的日本关东军绘制北大营之战图

有 800 米。

一名日本兵扛着工兵镐走过去，先找到上行列车方向左侧铁轨接头处，向长春方向切断 10 厘米，再向大连方向切断 70 厘米，然后将一小段路基刨开。其他人将带来的骑兵用的小型黄色炸药

阅读感悟

往坑里填。炸药填好之后，将启爆装置安放妥当，接上了电话机式的电动引爆开关。河本中尉操控着遥控装置，准备引爆。

按照预先计划：引爆炸药后，日本关东军即以东北军炸毁铁路为由发起进攻。关东军铁路独立守备队第二、第五大队进攻北大营，步兵第二十九联队进攻沈阳城。

铁路爆破点以北约 4 公里的文官屯地区即将收割的高粱地里，站着柳条湖地区北路军的指挥官川岛正大尉。在他身后埋伏着关东军奉天独立守备队官兵，他们正在等待进攻的信号。铁路爆炸声就是进攻的信号。

10 时 20 分，河本末守亲自上阵，按动了启爆开关。轰隆一声巨响，铁轨外侧部分和两根枕木被炸得四处飞散。不过，铁路线的其他部分未遭任何损坏，这是经过精密计算的。

听到爆炸声，川岛正大尉率兵立即出动，奔袭北大营。日本关东军蓄谋已久的九一八事变爆发了。

夜 11 时 46 分，花谷正以奉天特务机关长土肥原贤二的名义，向旅顺关东军参谋长三宅光治和东京陆军大臣南次郎发出了电报。电称："18 日晚 10 时半许，暴戾的支那军队在沈阳北面的北大营以西，破坏南满铁路线，袭击我守备兵，与我前来之一部守备队发生冲突。据报告，沈阳独立守备队第二大队正向现场出动。"

接到电报，关东军司令部立即召开紧急军事会议。石原莞尔参谋强烈要求先发制人，认为这是弱势的关东军唯一的取胜希望。关东军司令官本庄繁同意了板垣征四郎先前以他的名义发出的作战命令，下令关东军全面投入作战，要求满铁协助。当晚，将关东军司令部移往沈阳，以便就近指挥。

19 日 0 时 28 分，花谷正发出第二份电报，诡称："北大营中国军队同日本守备队虎石台中队正在激战，日军陷于苦战。"

接到电报后，本庄繁又迅速将主力集中到沈阳，"惩罚"中国军队，占领东北三省。

按照北大营的规定，晚 9 点准时熄灯，除了部分站岗的哨兵和值班人员，绝大多数的官兵已经就寝了。突如其来的爆炸声，把睡梦中的士兵惊醒，慌乱之中陷入被动挨打的状态。

北大营官兵素质精良，缘何如此被动？是可悲的"不抵抗"政策束缚了东北军爱国官兵的手脚。他们心中怒火燃烧，却不得不服从命令。

阅读感悟

北大营外的日军小分队割断了电线和电话线，截断了北大营与外界的联络通道。一阵猛烈的炮击后，日军确信，北大营的中国军队不敢反击。

九一八事变发生的时候，张学良正在北平的中和戏院观看京剧名旦梅兰芳的《宇宙锋》。侍卫副官长谭海接到沈阳的电报后立刻报告张学良。然后，在东北边防军司令公署里，参谋长（代行总司令职务）荣臻等到了少帅下达的“不抵抗”命令。他在电话里对当夜守在北大营的独立第七旅参谋长赵镇藩说：“不准抵抗，把枪放在库房里，挺着死，大家成仁，为国牺牲。”

毅然反抗　首战留名

就在日军攻入北大营之前，第六二〇团早已严阵以待。第三营第九连上尉连长姜明文担任营值星官，炸弹爆炸后的十几分钟内，他已经把全营的官兵集合完毕。官兵们个个怒发冲冠，发出声声怒吼。

这时，王铁汉从旅部回到团部，示意大家稳定情绪。他立刻组织重机关枪连、迫击炮连、平射炮连，准备进入阵地。

第六二一团的住地在北大营的最西边，是日军进攻的突破口。日本兵冲进来的时候，该团士兵如梦初醒，仓促中很多人连衣服都没来得及穿好就死伤在日军的刺刀下，也有很多人跑到了第六二〇团的二营防区。二营把这些士兵组织起来，发给他们枪支和手榴弹。

子夜时分，第六二〇团部的电话铃声响起。王铁汉接过电话，是王以哲旅长从沈阳城里打来的。王以哲转达了张学良的命令：不要抵抗，必要时可以退出北大营，留待政府向日本交涉，希望大家忍耐一下……

◎ 日军侵占北大营

19日凌晨1点钟之后，大操场上枪声忽然密集起来，爆炸的闪光，不时将营区照亮。

此刻，第六二〇团的电话铃又响了，是旅参谋长赵镇藩打来的。赵镇藩传达旅长命令：全旅撤出北大营，到东山嘴子集结，你们团做掩护。王铁汉意识到：全旅7000多人要撤离，还有许多没有战斗能力的非军事人员，是一个庞大的队伍，如果日军前有埋伏，后有追兵的话，后果将不堪设想。

王铁汉立即下令："我们现在组成东、北两路编队，掩护全旅突围撤离。朱团副，你指挥第二营和重机关枪连，迅速向东卡子门迂回，突破东门外的日军的封锁，阻击向东卡子门包抄的敌人。我指挥第三营、迫击炮连、平射炮连、通信排、团部，从北卡子门突围，阻击和吸引日军的火力，突出北大营后到榆林堡集合，向辉山方向前进。"

命令下达后，各连长跑回本连集合队伍。急促的集合哨响起，第六二〇团很快集结完毕，王铁汉拔枪说道："出发！"

日军新一轮进攻又开始了，炮兵开始炮击六二〇团营房，200余日本步兵及跟进部队渐渐向六二〇团围拢。王铁汉命令北路编队的断后连队进入掩体，痛击来犯之敌，一场短兵相接的战斗立刻打响。

这时，第六二〇团部的电话又响了起来。电话是荣臻将军打来的。

◎ 王铁汉将军

荣臻：“你那里是什么情况？”

王铁汉：“日军正在向我团发起进攻……”

荣臻：“不许抵抗！”

王铁汉：“敌人侵吾国土，攻吾兵营，斯可忍，则国格人格，全无法维持。而且现在官兵愤慨，都愿与北大营共存亡，敌人正在炮击本团营房，本团官兵不能持枪待毙。”

荣臻：“将械弹缴库。”

王铁汉：“在敌人炮击之下实无法遵命，我也不忍这样执行命令。”

荣臻：“你为什么不撤出？”

阅读感悟

王铁汉说："我只接到'不抵抗，等候交涉'的指示，并无得到撤出的命令。"

荣臻："你立刻撤出营房，否则，你要负一切责任！"

电话断了，王铁汉和警卫员迅速加入断后的部队。眼看日军进犯越发凶猛，王铁汉心中燃烧着反抗的怒火，大声下令"打！"一时间，迫击炮、平射炮齐发，所有的机关枪同时开火。六二〇团

◎ 北大营陷落后，日军在附近修建 9 月 18 日被东北军击毙的日军伍长新国六三之墓

用火力压住日军的进攻，日军的火力软弱下来。

北大营周围炮声隆隆，火光冲天，硝烟弥漫，枪声密集……中日两军的战斗一直持续到早晨4点多钟。此刻，太阳已经泛红。在王铁汉第六二〇团的掩护下，第七旅的官兵全部撤离了北大营。凌晨5点30分，北大营陷落。

◎ 日本出版的所谓《满洲 上海事变殉国将士显彰录》中收录有9月18日在北大营被击毙的2名日军生平

北大营之役，东北军“伤亡官士兵夫三百三十五员，士兵失踪生死不明者，四百八十三名”，而日方伤亡数字是“伤23人，死2人”。1933年日本发行的《靖国神社忠魂史》记载：北大营内中国守军虽然被不抵抗命令束缚了手脚，但并没有陷入完全被动挨打的局面，部分官兵最终发起还击，双方发生激战。北大营一战，有2名日本兵士负伤死亡，分别是独立守备步兵第二大队伍长新国六三和上等兵曾子正男。

王铁汉在北大营违抗军令打响的抗战第一枪是代表中华民

阅读感悟

族和中国人民在第一时间、第一地点的反抗枪声，这不但是中国人民反抗日本侵略的开始，也是世界反法西斯战争的首战枪声。王铁汉为中国抗战和世界反法西斯斗争立下卓著战功。

「不抵抗」的抵抗

——瀋陽北大營守軍團長關於「九一八」的回憶

王鐵漢

「九一八」後果的總結

「九一八」前夕東北軍政情勢

北大營被攻的經過

（19）

◎ 王铁汉发表在台湾《传记文学》杂志上回忆“九一八对日战斗”的文章

中国第一篇抗战宣言的故事

《中共满洲省委为日本帝国主义武装占领满洲宣言》是在九一八事变发生的第二天，中共满洲省委代表中国共产党发出的充分表达东北各族同胞和全国人民意志的第一篇抗日檄文，充分展现了中国共产党领导东北人民誓死反抗日军侵略和将日本侵略者驱逐出中国的决心，使人民在国家与民族危难之际看到了希望和光明，为东北民众指出了斗争的方向，为中国人民抗日战争和世界反法西斯战争的胜利，做出了巨大的贡献。

中共满洲省委

1931 年 9 月 18 日，中国农历的八月初七，再过几天就是传统的中秋佳节了。秋高气爽的夜晚，半轮明月高悬天空，清幽的月光下，沈阳城显得宁静而祥和。在沈阳城内南三经街的一处

◎位于沈阳北市场福安里的中共满洲省委机关

阅读感悟

民宅院内，两个青年人看似正在闲聊，但眉宇间却难掩重重忧虑。外人无论如何猜不出，他们两人是中国共产党在东北地区的最高领导机构——中共满洲省委的省委书记张应龙和宣传部长赵毅敏。

中共满洲省委筹建于1927年中国革命的低潮时期，是中国共产党在东北地区设立的第一个统一领导机构。中共满洲省委在异常艰难险恶的条件下，领导东北人民进行了长期的革命斗争，使东北地区的革命斗争，特别是反日斗争持续发

只有在共产党领导之下，才能将帝国主义驱逐出中国！

——《中共满洲省委为日本帝国主义武装占领满洲宣言》（节选）

展。1931 年 2 月，张应龙受命担任中共满洲省委书记。为便于工作，他与省委宣传部长赵毅敏夫妇租住在一个大院。

◎ 时任中共满洲省委宣传部长的赵毅敏

工人打扮的张应龙满怀心事地说："'特科'同志给东北当局发出的警示，如石沉大海，令人担忧啊。"这里的"特科"指的是 1928 年中共中央在满洲省委设立的"满洲特科"。"满洲特科"同时受中共中央和满洲省委双重领导，负责收集国民党、苏联、日本和朝鲜方面的相关情报。

教员打扮的赵毅敏说："听说东北军官兵由于受到国民党政府投降卖国政策的影响，普遍士气低落、斗志消沉，不满情绪日盛。"

"今年年初，驻扎在沈阳的日军举行了包围省城大演习，这次演习近一个月，所占的区域竟达十九村之多，几乎遍布沈阳城全境，完全无视东北军的存在。更过分的是日军不仅大肆加埋标识，遍树太阳旗，而且实弹演习，连火炮都用上了，令东北军官兵颜面扫地！"赵毅敏气愤地接着说道。

“是啊，无疑地，这些枪声是帝国主义武装占领东三省的信号，是积极准备武装进攻苏联的第一步，是加紧压迫东三省工农革命的极明显的表现！这些枪声是他们向满洲工农群众的更露骨的进攻。”

张应龙和赵毅敏对此次日军演习的看法，也代表了当时中共满洲省委的意见，更重要的是省

◎中共满洲省委机关报《满洲红旗》

委将演习的情况和对此的看法、观点及时发表在满洲省委机关报《满洲红旗》上，及时向广大民众进行了宣传。

张应龙又接着说："老刘（赵毅敏当时化名刘昆）、老蔡（满洲特科书记蔡伯祥）一个月前就已经向省委汇报："'特科'人员发现沈阳南满站的大仓库本来已经很大了，现在又扩大了许多。原来是铁丝网围着的，现在又用木板围起来，防止外边的人看，周围又搭起了很多临时军用帐篷，还挖了不少掩体。从高处往里看，发现里面有很多日本青年在接受军事训练。四平等地也有类似情况，尤其铁路的给水塔旁均加了日本兵的岗哨。他们得出的结论是：日本人要动手了。我把情况及时向中央做了汇报。两周前，'特科'人员又通过关系将这一情况向辽宁省省长臧式毅打了报告，但迟迟没有得到回应。所以，这几天我们得马上开一个常委会研究一下对策，做好最坏的准备。另外，你考虑一下近期反日传单的印制。反日宣传工作不能有半点松懈。"

"好，这两天我抓紧落实！快十点了，忙了一天，早点休息吧。"赵毅敏回答。

两人相视苦笑，各自回屋了。

柳条湖事件

阅读感悟

经过一天的喧嚣，古老的沈阳城进入了沉睡。沈阳城北郊柳条湖的南满铁路旁，突然出现了一小队日本关东军，他们在独立守备队岛本大队川岛中队河本末守中尉的指挥下，如黑夜中的魔影正在鬼祟地忙碌着，一场震惊世界的罪恶阴谋即将上演。

日本自明治维新后，走上了军国主义道路，对幅员辽阔、富饶美丽的中国东北一直垂涎三尺。东北不仅有丰富的地下资源和无尽的宝藏，其地处亚洲东部，西与外蒙古毗邻，北与俄国接壤，东临朝鲜，又是远东的战略要冲，因此在政治、经济和军事上都占有重要的地位。

1927年6月27日至7月7日，日本首相田中义一召开了旨在占领中国东北的“东方会议”，并在臭名昭著的《田中奏折》中露骨地声称：“欲征服中国，必先征服满蒙；欲征服世界，必先征服中国。”也就是说，日本扩张的蓝图是征服全世界，但征服世界的前提是征服中国，而征服中

◎ 在东京召开的东方会议（右二为田中义一）

国的前提是征服中国东北。这是日本军国主义称霸世界的梦想，为了这一梦想，他们一而再再而三地挑起战争。“东方会议”和《田中奏折》暴露了日本军国主义的狂妄野心，预示着一场重大的武力侵华行动即将展开。

沈阳是东北最大的城市，是东北政治、经济、文化的中心，自然成为日军侵略的首要目标。几年来，日军一直蠢蠢欲动，等待出兵的有利时机。此时，国民政府陆海空军副司令兼东北边防军司令长官张学良身在北平，东北军主力部队也大批调往关内。东北军政事务由东北边防军副司令官兼吉林省主席张作相、辽宁省主席臧式毅和东北边防军参谋长荣臻分别代管。张作相因其父去世，回锦州奔丧未归。臧式毅和荣臻权威不重，遇事不敢做主，东北实际处于无人主政、军防空虚的混乱状态。这在日军看来正是出兵的绝佳时机，眼下急需的就是再为自己制造一个扩大侵略的借口。

柳条湖铁路旁的河本按照事先的计划，将准备好的炸药安放在东侧单轨的交界处。他不时看看手表，转而又仔细查看了一下炸药安放情况和炸药用量。按照军方的要求，只炸毁直线单轨一小段，要保证爆炸后高速行驶的火车能够安全通过。这次诡秘的行动对于爆炸技术要求颇高，也说明日本密谋侵华真正是处心积虑。

晚 10 点 20 分左右，河本率领的小分队实施爆破。随着一声巨响，铁轨上火光一闪，腾起一片黑云，这就是震惊中外的“柳条湖事件”。爆炸声刚过，自长春开来的第 14 次快车就安全驶过被炸铁轨，10 点 30 分准时到达沈阳。河本露出得意的笑容，令人抬出三具早已准备好的身穿东北军军服的尸体放在爆炸点旁边，制造了假现场。三具尸体本是附近农民，被关东军抓捕后残忍地杀害了。

一切准备就绪，河本命令一等兵今野向川岛

◎ 自爆柳条湖铁路的日本军官在爆炸现场

报告："北大营的中国兵炸毁铁路，正在战斗。"接到报告，早已集结在文官屯车站的独立守备队第二大队川岛中队，立即向北大营发起进攻。同时，设在独立守备队营区内的240毫米口径的榴弹炮也开始炮击北大营。隆隆的炮声，惊醒了睡梦中的沈阳城。

不眠之夜

刚刚睡下的赵毅敏，被炮声惊醒，马上开门来到对面张应龙的屋子。"应龙，听炮声不像是演习，日本人是不是真的动手啦？！"

这时候，从院墙外跳进来一个身穿长衫、身手敏捷的年青人。

“梅山客？！你怎么来啦？”赵毅敏和张应龙异口同声地问。

来人不是别人，正是满洲省委军委书记廖如愿，他当时的绰号叫“梅山客”。

廖如愿气喘吁吁地说：“看样子，日本人真的动手了！我已经派人去打探消息了。”

“蒋介石正式提出‘攘外必先安内’政策，并发出通电。对于关东军咄咄逼人的态势，蒋介石指示张学良：无论日本军队在东北如何挑衅，我方应不予抵抗，力避冲突。估计打起来，东北军要吃大亏啊！”廖如愿气愤地说。

“蒋介石早就提出‘攘外必先安内’政策，这不过是他要实行‘不抵抗政策’的借口罢了！”赵毅敏说道。

“梅山客，你赶快联络各方面关系去打探消息，我们必须在第一时间掌握准确情况，做好应对工作。”

“好！”廖如愿应声消失在夜幕中。

不久，廖如愿神色焦急地从外面赶了回来，见到张、赵二人开口便说：“日本人动手了！正在进攻北大营！”

话音未落，又一阵隆隆的炮弹爆炸声再次响起，这一次爆炸声似乎更近了。原来，日军在进攻北大营的同时，已经向沈阳城发起了攻击。

张应龙、赵毅敏、廖如愿都立即意识到了这次事件的严重性。

“这次日本人真的动手了！时间紧迫，马上通知下去，明天上午在小西边门的秘密地点召开常委会，商讨对策。另外，老刘，针对今晚日军的行动，你连夜草拟一份抗日宣言，拿到明天的会上讨论。机关有印刷设备，宣言讨论通过后马上印制发放出去。一定要老百姓知道到底发生了什么事！号召老百姓起来反抗！”

“就这么定，老刘写宣言，我去通知开会。”说完，廖如愿匆匆忙忙地走了。

第一篇战斗檄文

持续了一夜的枪炮声到第二天上午逐渐平息了。张应龙和赵毅敏按计划准备前往省委机关开会。当他们走出院门，却被眼前的景象震惊了。大街小巷内尽是未燃尽的硝烟和刺眼的日本太阳旗。市内街头巷口张贴着《日本关东军司令官布告》。布告宣称是中国军队首先挑衅，爆炸南满铁路，袭击日本守备队，落款印

阅读感悟

着关东军司令官本庄繁的大印，签署日期是9月19日。而此时本庄繁仍在由旅顺前往沈阳的列车上，另外布告为石板印刷，不可能在短短几个小时就印刷出来，一看就知道这是早就准备好的。日本预谋侵略由来已久，本庄繁布告正在撒着弥天大谎。本庄繁布告被有心的中国人收起，成为后来揭露日本侵略行径活生生的证据。

日军进攻沈阳城时，东北当局驻在城内的警察、公安队伍奉辽宁省警务处长兼沈阳市公安局长黄显声和督察长熊飞的命令，进行了英勇的抵抗。但由于日军以装甲车、坦克进攻，火力强盛，

◎ 1931年9月19日在沈阳城内横行的日军装甲车

公安警察部队抵挡不住，警员伤亡严重。

大街上有日本兵成队走过，他们已经占领了沈阳城。惶恐的气氛笼罩了沈阳，战争的阴云一夜之间已压在了中国百姓的心头。一个不谙世事的小孩儿跑出来看热闹，凶残的日本兵用刺刀把孩子挑起后举在空中，脸上露着狞笑。

张、赵二人一路谨慎小心，终于安全来到开会地点，这里是省委秘书长詹大权的家。很快，省委组织部长何成湘、军委书记廖如愿陆续赶到。大家首先谈了谈一路上的所见所闻。随后，军委书记廖如愿向大家汇报了从东北军方面传来消息，以及特科方面的情报：

“北大营被日军完全占领，已然变成了一片废墟。部分爱国官兵违反不抵抗命令，进行了自卫还击。沈阳城也被日军占领，公安警察部队在进行顽强抵抗后，力不能支，经新民向锦州集中待命。关东军已经在南满铁路沿线展开了全面攻势。”

了解情况后，省委针对当前的紧急形势制定应变措施：一是对日本帝国主义发动战争强占满洲一事，给中央写报告；二是立即发表一个总的宣言，揭露事实真相，号召民众奋起抗日；三是通过一个总的决议，明确省委今后的主要任务；四是决定省委常委近期每天碰头一次，沟通信息，研究对策。

随后赵毅敏将他连夜起草的《中共满洲省委为日本帝国主义

阅读感悟

武装占领满洲宣言》提交会议讨论，经修改、补充后定稿，随即交省委秘书处，刻蜡纸、印刷，当天就秘密散发了出去。

宣言指出：

这一事件的发生不是偶然的，这是日本帝国主义蓄谋已久的侵略中国、变中国为它的殖民地所必然采取的行动。对于日本帝国主义者宣传这次冲突是奉天北大营中国军队破坏南满铁道所引起的谬论，这完全是骗人的造谣，3 岁小孩子也不会相信这些话。

日本帝国主义占领满洲的图谋之所以能够得逞，完全是国民党军阀投降帝国主义的结果。国民党政府所谓‘忍耐’‘镇静’‘莫给人以可乘之机会’‘和平以示奋斗’等等所谓策略，和他们极力镇压反帝运动的罪恶行动，必然要使日本帝国主义者更进一步、更肆无忌惮的来占领满洲！

宣言对广大民众发出号召：

只有劳苦群众自己的武装——中国工农红军，是真正反对帝国主义的力量；只有劳苦群众

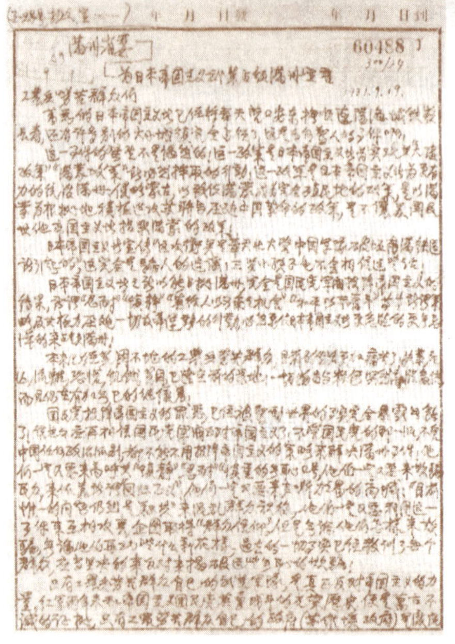

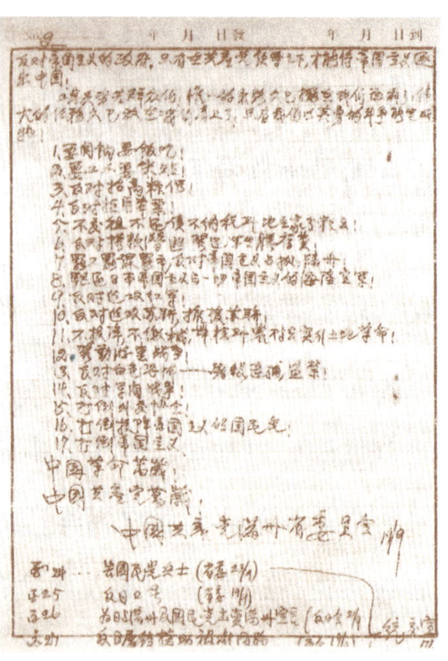

中国革命万岁！
中国共产党万岁！
中国共产党满洲省委员会 9/19

◎ 保存在中央档案馆的《中共满洲省委为日本帝国主义武装占领满洲宣言》

自己的政府苏维埃政府，是彻底反对帝国主义的政府；只有在共产党领导之下，才能将帝国主义逐出中国！

抗击日寇是我们唯一的出路！伟大的任务久已放在我们肩上了！只有我们以英勇的斗争才能完成它！必须驱逐日本帝国主义与一切帝国主义的海陆军，用罢工、罢课、罢市，反对帝国主义占据满洲！

宣言的结尾是 17 个鲜明的口号以及“中国革命万岁”和“中国共产党万岁”的响亮宣誓。

行色匆匆的人们情绪低沉。忽然，不知从何处飘下各种颜色

阅读感悟

的传单，也有传单被贴在各种建筑物上，与本庄繁歪曲事实的布告针锋相对。人们窃窃私语，悄悄传阅。中国共产党鲜明的抗日立场和行动使人们看到了光明和希望。

这篇宣言是中华民族历史上最早的抗战宣言，是中国共产党代表中国人民声讨日本军国主义侵略行径的第一篇战斗檄文，为中国长达十四年的抗日战争吹响了号角。而且，这也是国际反法西斯战争史上第一篇宣言，表明中国共产党已经率先扛起了国际反法西斯战争的精神旗帜。诞生于 1921 年的中国共产党虽然尚属“幼年”，却有对于时局的冷静思考和高瞻远瞩，不愧是中国十四年抗战的中流砥柱。

义勇军“血肉筑长城”的故事

九一八事变后，中国全东北迅速崛起了自发的民间抗战武装，如星火燎原，同仇敌忾。参与阶层之广泛前所未有，共产党人、工人、农民、学生和知识分子，还有东北军爱国官兵、地方官吏和士绅以及“土匪”纷纷加入，共同筑起抗击日寇的血肉长城。

“血肉长城第一人”

说起义勇军，不能不提黄显声将军，他是东北抗日义勇军的缔造者，被誉为“血肉长城第一人”。黄显声，字警钟，1896年生，辽宁岫岩人。1930年，黄显声任辽宁省警务处长兼沈阳市公安局长。他严整公安队伍纪律，维持社会秩序，搜集日军情报，扩充各县警察队、公安队，发放枪支弹药。这批枪支弹药后来成为东北义勇军打击日寇的重要武器。此外，公安警察队伍中也涌现

阅读感悟

◎ "血肉长城第一人"黄显声将军

出多位著名的义勇军指挥官，如邓铁梅、王凤阁、高玉山等。

九一八事变之夜，沈阳城的公安警察是主动迎战后有序撤出的唯一一支抵抗力量。9月23日，张学良电令将东北军政中心迁往锦州，设立辽宁省政府行署，黄显声以省警务处长名义主持工作，成为实际的前线总指挥。因为正规军在"不抵抗政策"下不能抗战，黄显声就在中共秘密党员刘澜波的协助下组建民间抗日义勇军，他由此被誉为“血肉长城第一人”。

辽西地势险要，历来是兵家必争之地，所以也多出英豪。结合辽西人民揭竿而起的抗战形势，黄显声制定了组建抗日义勇军的纲领性文件《编委方案》。《编委方案》颁布后，各方请缨抗日者纷至沓来，锦州成为东北抗日义勇军活动的中心。这样，锦州临时政府成为以组织义勇军抗战为主要使命的抗日政府。义勇军也已经成为日本关东军入侵辽西的主要障碍，关东军认为“在进入辽西后，如果真正打起来，将因兵力所限陷于苦战”，所以不得不把所谓“讨伐匪贼”作为侵入辽西的首要任务。

沈阳也是抗日义勇军活跃的地方。在沈阳的康平、法库、辽中等地义勇军多次对日军英勇作战。新民是传奇英雄“老梯子”高鹏振举旗抗日之地，还是抗日义勇军第四路军耿继周部的大本营。

黄显声因为领导义勇军而被日军格外“关注”，视其为心腹

◎ 义勇军袭击沈阳附近铁路和列车

阅读感悟

大患。日本出版的《满洲事变日志》记载：“义勇军的总指挥是张学良的四大天王之一的前奉天省公安局长黄显声”。当时的日本陆军省新闻班长、陆军步兵大佐古城胤秀所著《满洲事变的经过》记载：“根据俘虏的话和从没收的书籍上看，这些别动队（指义勇军）的指挥者是黄显声，他是用锦州警备总司令的名义”组建的。

义勇军威震敌胆

东北义勇军在九一八事变后兴起，迅速发展壮大。1932 年夏秋达鼎盛时期，有数据显示总人数达 50 余万。义勇军中爱国民众约占 50%，原东北军约占 25%，绿林队伍约占 20%，知识分子、工人、商人约占 5%。另外还有地主武装及其他各种爱国力量，参加阶层之广泛史无前例。

1932 年，仅辽宁省义勇军就发展到 50 多路，约 30 万人，分为 5 个军区，在辽宁 60 余县开展抗日斗争。从绿林英雄高鹏振、爱国警察邓铁梅、

號外
白旗堡の別働隊
新民屯を包囲の形
わが軍嚴重警戒
空中から一齊爆撃

◎ 1931 年 12 月 9 日日本《东京日日新闻》号外刊登盘山义勇军战况的报道

地方首富白子峰、东北大学才子苗可秀，到骑兵司令高文斌、声名远播的“老北风”、“枭雄匪首”赵庆吉、“双枪女将”关世英，再到孙铭武、唐聚五、郭景珊、耿继周、赵亚洲、王显庭、于百恩、项青山、李春润、王凤阁、王仁斋等，他们领导的义勇军遍及各地。各路义勇军频繁出击，日伪当局惊恐不安，称“残匪（指义勇军）多如牛毛，溃而复聚”。

义勇军进行的是高度自觉、广泛参与、巨大牺牲的抗战，是在正规军不抵抗背景下的自发斗争。他们得不到政府的支持，只能“穿自己的衣、吃自己的饭，骑自己的马、流自己的汗”。他们以大刀、长矛、土枪与拥有现代化火器的强敌抗衡，和武装到牙齿的关东军斗智斗勇，展现了中华民族真正的“义”和“勇”。

1932 年，九一八事变一周年时，义勇军首领耿继周、赵殿

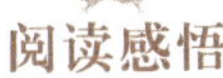
阅读感悟

◎ 1932 年春抗日义勇军攻入沈阳城

良率部进攻沈阳，烧毁东塔机场日军飞机 7 架，杀伤日伪军警，给日寇以沉重打击。除辽宁义勇军外，吉林和黑龙江的义勇军队伍也频频出击。1932 年，在辽、吉、黑、热 4 省的 172 个县中，有 102 个县开展了广泛的抗日活动，被义勇军攻下的县城有 40 余座。义勇军袭击辽、吉主要城镇 30 余次，其中袭击沈阳 11 次，袭击长春 6 次，烧毁了沈阳和哈尔滨的飞机场。据日本驻奉天总领事馆调查，从 1931 年 11 月 1 日至 1932 年 12 月 20 日，义勇军袭击铁路附近日军达 1529 次。

日伪官方报告还记载：从九一八事变到1933年2月，日伪军伤亡人数为6541人；日军运回国内的死尸，每月平均达到50具。关东军三宅参谋长1932年在回东京的途中哀叹："关于东北暴徒之根本讨伐，实为极难之事，因其集团作乱，不易治平，且非一朝一夕所能收效。自奉天事变发生后，我军对安奉线附近暴徒中心地之讨伐不下62回之多，结果收效甚微。"

1931年12月26日夜邓铁梅部夜袭凤城县城。晚10时战斗开始，次日凌晨4时结束。县城里的日本警察、宪兵听到枪声，仓促应战，日伪军警被打死打伤50多人。义勇军缴获步枪300多支，机枪3挺，迫击炮2门和大批子弹。邓铁梅部袭击凤城，打得日伪军胆战心惊。凤城火车站站长遭到打击后，发出了"万事休矣，现在只有待毙，别无他路"的哀鸣。

1932年1月辽西义勇军在锦西县城西郊伏击日军古贺联队，击毙古贺等军官3名，下士官以下8名，日军共计伤亡25名。日本朝野震惊，称："这实在是满洲事变以来最大的悲惨事件。"同月，高鹏振率义勇军在五台子袭击不破直治率领的关东军，经过两个多小时激烈战斗，"打死敌人73人，其中有大尉1名，中尉1名，医官1名，缴获长短枪76支，子弹两车，战马64匹（其中31匹死伤），钢盔76个，呢子大氅、药品等战利品很多。"这就是"五台子大捷"。从此，"老梯子"高鹏振威震敌胆，

阅读感悟

◎ 古贺被击毙处——锦西县西郊西园子遗址

日本《协和》杂志惊呼：“辽西抗日义勇军是和七百年前成吉思汗的名字一起，以剽悍、敏捷、勇猛而震动全世界的了不起的民族。”

家族抗战史诗

东北义勇军斗争史上，有很多家族抗战的典型。为了国家和民族，父子、兄弟、夫妻同上战场，共抗日寇，血染山河。

抚顺清原，是血盟救国军诞生的地方。1931年10月10日，孙铭武、孙鸣宸兄弟和留日同乡张显铭在抚顺清原大苏河乡虫王庙宣誓起义，相约“倘有二心，弹穿我胸”。队伍发展迅速，成为辽东劲旅。汉奸于芷山多次“围剿”不成，便假意谈判。孙铭武想借谈判之机争取于芷山，结果落入陷阱。部下劝孙铭武赶快骑马逃离，孙铭武断然拒绝。他说：“我最重人格，岂能临危苟行，惜一己之安全，竟将部下抛弃不顾，与良心有愧，虽生何益？岂大丈夫之所为耶！”说完挥笔写下遗书托部下转交给孙家。信中写道：“治刚、治国二子知悉：父生年四十又四，时值国家变乱，余本国家军人，必须与国同难，故奋然抗日，号召民众救国，但不幸中途惨遭挫折。父今为国而死，吾子必继父志，为国努力。不准为非作歹，不准为职流盗，父纵死九泉已瞑目矣。再关于父之体骨，倘能回籍，暂不入土，必俟国土收复，民众免遭灾难时，再为安葬，是余所嘱。——孙

◎ 血盟救国军司令孙铭武　◎ 孙铭武之弟孙鸣宸

铭武绝笔遗书。”1932 年 1 月 19 日半夜，于芷山将孙铭武杀害。临刑前，孙铭武大义凛然，怒斥汉奸于芷山“背信弃义，是民族败类”，要求“杀我一人足耶，快把我的部下放走！”孙铭武英勇就义，救国军将士共 30 余人共赴国难。之后，还有他的哥哥和弟弟也相继被害，可谓满门忠义。

1932 年春，凤城县边门乡大东村阎生堂对妻子说：“日本侵略军占领了凤城，杀人放火，尽做坏事，我要抗日报仇去。”妻子说：“你抗日，我支持！”阎生堂从军后，因战绩卓著，被辽宁民众自卫军第六路军司令李春润提拔为独立团团长，时年 23 岁。他在新宾县内多次重创日寇，军威大振。阎生堂所率部队被称为“阎团”，远近闻名。弟弟阎生明也投奔“阎团”同哥哥一起抗日。日寇一面调集兵力追剿“阎团”，一面对阎生堂家属施以酷刑。1934 年正月十二日，阎父又一次被日伪军抓去拷打，限他按期将阎生堂召回。其父谎称去找，见到阎生堂说：“我打算把家眷都迁走，让你安心抗日，为国争光！”此

阅读感悟

后，阎生堂、阎生明兄弟更加奋勇杀敌。敌人抵挡不过，又生歹计。1935 年 8 月 22 日，日本守备队抓捕阎生堂的岳父等 6 名亲属，押到凤城县白旗乡杀害。肩负血海深仇，阎生堂誓死杀敌雪耻。然而，最恨家贼难防。1937 年 1 月 30 日，阎生堂率部于凤城县于家沟休整时，因奸人告密，被日伪军突然包围。阎生堂身中数弹，重伤倒地。他命令士兵说："不要管我，我来掩护，你们赶紧冲！"他挥动手枪继续抵抗，但因敌众我寡，终将最后一颗子弹留给了自己，牺牲时年仅 27 岁。当年春夏之交，阎生明率部于红旗乡三义庙驻扎时，再次被日军包围。突围时，阎生明为掩护战士，只身还击以吸引敌人，最后中弹光荣牺牲。

丹东流传着赵庆吉和关世英"铁血夫妻"铸就"凤凰传奇"的故事。赵庆吉人称"赵黑子"，曾是活跃在凤城、岫岩一带邓铁梅所部东北民众自卫军第十七团团长。关世英，人称"三姑娘"，自幼天资聪颖，容貌出众。上门提亲者络绎不绝，但关世英唯独钦佩抗日报国的铁血男儿。1933 年，她毅然嫁给年长自己 15 岁的赵庆吉，走上抗日救国道路。婚后，她刻苦练习军事技能，一年后即能骑飞马、打双枪，成为著名的"双枪女将"。1936 年 4 月 3 日，赵庆吉夫妇 40 余人被日伪军包围，激战中双双受伤。关世英再三要求赵庆吉撤退，坚持以双枪阻击敌人，直至流尽最后一滴血，这位帼国英雄牺牲时年仅 23 岁。接着，她的父亲、母亲、二姐、四妹、嫂子均被日寇逮捕杀害。面对敌人“围剿”，赵庆吉率少数战士白天潜伏深山，夜晚冒险袭击敌人，夺取给养和装备。1938年3月，由于叛徒出卖，顶天立地的英豪赵庆吉在疗伤途中被捕，后被日军杀害。

浩然正气青史留芳

满族抗日英雄邓铁梅和夫人张玉姝同驰抗日疆场。截至1932年10月，邓铁梅所部自卫军发展到1.6万人，与日伪军作战近百次。1934年5月下旬，邓铁梅在岫岩张家堡养病时被叛徒出卖被捕。他对探监的亲友说：“我活将与草木同休，死可与古人并存。我宁愿死，绝不贪生。”

敌人审讯：“你为什么要反满抗日？”

邓铁梅回答：“国家兴亡，匹夫有责。日本制造借口，用武力占领中国领土，凡中国人都有责任向侵略者进行抗战。”

敌人又问：“你的力量能够抵抗日本这样强大的国家吗？”

邓铁梅回答："不能因为日本国力大，我们就甘心去当亡国奴。楚有三户，可以亡秦。况且中国有同仇敌忾的四亿五千万人民。"

敌人又问："你现在能命令你的部队接受招抚，为新国家效力吗？"

邓铁梅愤慨地说："我生为中国人，死为中华鬼，头可断，血可流，接受投降的命令绝对不能下！"

敌人用尽一切手段，均不能使邓铁梅屈服。1934年9月28日，邓铁梅被日寇秘密杀害，时年43岁。辽东人民闻听邓铁梅遇害，纷纷为之泪下。

义勇军中还有一支特别部队叫"少年铁血军"，1934年2月组建，曾经的东北大学学生苗可秀任总司令。该部队纪律严明，作战勇敢，也是辽东三角地带抗日劲旅。日寇贴出告示要悬赏百万缉拿苗可秀。1935年6月12日，苗

◎邓铁梅英勇不屈壮烈殉国

可秀在岫岩哨子河与敌人战斗中负伤被捕。身陷囹圄后威武不屈，苗可秀托人寄出了两封书信。

一封书信是转给老师王卓然的：“生自入狱以来，心地坦然之至……古语谓慷慨就死易，从容赴义难，自生观之，两皆易易尔！……吾师负整顿中华之责任至为重大，望乞努力而珍重之！”

另一封是致同学张希尧、张雅轩的：“兄今为日本阶下囚，伏床自思，尚堪自慰，可慰者，死得其所耳。……弟等思想要正确，精神要伟大，不要忘了我们要做新中国的主人，要做整理山河的圣手，做事不可因为一次的失败便灰心，不可因为一次的危险便退缩，须知牺牲是兑换希望的一种东西。我们既然有希望，便不能不有所牺牲，不过我们的希望，务须正大而已。”

苗可秀在狱中的浩然正气，也令敌人折服。日本翻译官前山和卫兵求他题词留念，他挥笔写下“誓扫倭奴不顾身”等词语分赠他们。敌人以中将军衔、警备司令等为诱饵，劝苗可秀投降，却屡屡遭拒。日本军官遂威胁说：“你若投降，还有一线生机；如若不投降，必死无疑。”苗可

阅读感悟

思想要正确，精神要伟大，不要忘了我们要做新中国的主人，要做整理山河的圣手。

——苗可秀

秀坦荡地说："抗战杀敌是我的天职，死是我的最后归宿。"

◎ 曾经的东北大学学生、义勇军将领苗可秀

1935 年 7 月 25 日，在丹东凤凰山下，日军将年仅 29 岁的苗可秀杀害。赴刑场的路上，他还不忘号召群众团结起来救中国，人们挥泪向他告别。苗可秀面对敌人六支枪从容不迫，英勇就义。

直到如今，辽西民间还流传着"天狗司令吃日头"的神奇传说。"天狗司令"郑桂林率领的抗日义勇军曾经威震东北，人数最多时发展到 2 万多人。"天狗咬，蜂子蜇，坐山打得恶，杨麻子不用说，吓得鬼子打哆嗦……"的民谣至今在辽西流传。九一八事变后在辽西绥中、兴城一带，兴起了一支由"天狗司令"率领的义勇军，他们转战辽西，威名远扬。据统计，郑桂林部义勇军先后与日伪军作战百余次，毙伤日伪军 3000 多人，缴获山炮 5 门、大小枪支 1500 多支、子弹 3 万多粒。1933 年 11 月 12 日，郑桂林乔装潜入天津法租界寻找吉鸿昌，商谈抗日反蒋大计，结

阅读感悟

果被国民党宪兵逮捕。1933 年 11 月 18 日，国民党当局以“反蒋图谋不轨”的罪名将郑桂林秘密杀害于北平。驰骋辽西的“天狗司令”带着无法继续收复失地的遗憾离开了人间。

东北抗日义勇军为了中华民族的生存，在烽火硝烟中义无反顾，用鲜血和生命铸就了不朽的民族之魂，以血肉之躯和顽强意志筑起了血肉长城。义勇军视死如归的精神与英雄业绩永远彪炳史册。“男儿身死英灵在，国史明标第一功。”周恩来说：“海可枯，石可烂，义勇军的民族大义，是永远不会磨灭的。”

东北大学流亡抗日的故事

东北大学是一所具有光荣传统的爱国主义大学，因反帝爱国而生，在流亡抗战中艰难生存发展。从暂居北京，到流离于西安、开封，再到川北小城三台复校，直至抗战胜利后，1946年陆续返回沈阳，师生们离开家乡整整十五年之久。这十五年间，硝烟

◎ 1931年前的东北大学校门

阅读感悟

弥漫、烽火不断，校舍简陋、物资匮乏，师生颠沛流离、难以安枕。然而，东北大学师生始终笑对岁月，延续文脉，弦歌不辍。这十五年间，东北大学的热血学子们坚持抗战报国。他们是留守东北抗击日寇的义勇军英雄，他们站在一二·九运动游行队伍的前列，他们是西安事变前积极请愿的先锋，他们是三台宣传抗日救国的旗手……在十四年抗战中留下了浓墨重彩的一笔。

东北大学由张学良将军于1923年创建，至1931年九一八事变前，已成为国内一流大学。然而九一八事变使盛极一时、群贤毕至的东北大学被迫踏上了流亡之路，成为当时首个因日本侵华而被迫内迁的高校。

流亡 背井离乡的艰辛与抗争

1931年9月18日夜，驻沈阳的日本关东军发动了震惊中外的九一八事变，日军的炮火飞过东北大学校园上空落到东北军驻地北大营，一夜之间沈阳沦陷。第二天，学校无法正常上课，学校的教职员工和男同学多数投亲靠友，自谋生路。

9 月 24 日，东北大学校园里人去楼空，寂静中有着一丝悲怆和凄凉，宁恩承代校长安排车辆送走了赴津京的东大教授及家属后，命令工友把校园里各处门窗全部关闭锁上。校园很快被日寇占领。

◎ 东北大学理工楼旧貌

东北大学校史志编研室王国钧教授介绍这段历史时，声音竟有些哽咽："当我们的学生逃亡后不久，东北大学的校园就被日本人占据了，变成了他们的兵营，操场用来养马。图书馆的地下室被用来关押我国的抗日志士，图书馆门前的操场用来处死抗日志士。"

九一八事变迫使东北大学成为中国第一所流亡大学。东大

阅读感悟

师生克服重重困难，曲折辗转，流亡北平。1931年10月，张学良就流亡到北平的东北大学复校事宜与北平当局进行了多方协商。宁恩承代校长具体主持复校工作。先后借地处西单的奉天会馆、东城南兵马司前税务监督公署旧址和广安门（彰仪门）大街原国货陈列所旧址勉强复课。东北大学的逃难学生先后到达北平的不下六七百人，约为原在校学生的三分之一。1932年，东北大学还收容了地处锦州的东北交通大学逃来北平的学生；1933年6月，流亡到北平的冯庸大学并

◎九一八事变后，东北大学流亡北平，借原陆军大学旧址复校

入东北大学。

九一八事变给东北大学造成的损失除了校园被占，图书资料、教学设备、实验仪器、大学工厂遭到破坏和损毁外，最大的损失莫过于学校教师队伍的离散。据统计，东北大学在事变前的上百名教授中，九成以上毕业于世界名校，如美国的哈佛大学、麻省理工学院、哥伦比亚大学、康奈尔大学，德国的柏林大学，英国的牛津大学，日本的早稻田大学等。其中博士 29 名，硕士 64 名。在这上百名教授中，有一大批各学科的学术泰斗和大师级的学者。这在当时国内高校中极为少见，是一笔巨大财富，是办世界一流大学的基础。但是，日寇的炮火使他们被迫离开东北大学，分散到国内其他高校。可以说，这是东北大学历史上最为惨痛和无法挽回的损失。

东北大学（包括冯庸大学）师生并没有因流亡而屈服。部分学生积极参加义勇军，抗日救国，血战日寇，这段历史也是东大流亡史的重要组成部分。迁校北平期间，许多学生放下了手中的笔，毅然返回家乡参加抗日义勇军。他们中的典型代表是苗可秀。1932 年 7 月，苗可秀大学毕业后，受东北民众抗日救国会的派遣，来到了邓铁梅部。邓铁梅委任他为司令部总参议。1934 年 2 月，苗可秀和几名东北大学同学一起组织建立了以学生和青年教师为主体的“少年铁血军”，苗可秀任总司令。日军视“少年铁血军”为眼中钉、肉中刺，因而重兵“围剿”。1935 年 6 月 21 日，苗可秀被捕后牺牲。

这些奋不顾身在敌占区坚持抗日斗争的东大学子，用实际行动向世界宣告：中国人民决不任人凌辱，中国人民一直在战斗！

抗争　一二·九运动的先锋

在北平，东北大学发生了巨大变化——第一个共青团支部成立了；抗日救亡的校刊《东北》诞生了……

1934 年 8 月中共东北大学临时党支部成立，主要成员是东北大学学生关梦觉、郑洪轩和王兴让 3 位共产党员，接受中共北平临时市委的领导。东北大学爱国学生在临时党支部的领导下，开展了积极的反帝爱国宣传活动。在中国共产党的领导下，东北大学师生积极参加一二·九学生运动，并成为一二·九运动的先锋与主力。

1935 年 12 月 8 日夜，他们接到来自北平学联的通知：12 月 9 日上午，到新华门向国民党政府代表何应钦进行爱国请愿，反对华北自治，反对成立“冀察政务委员会”，要求一致抗日。

12 月 9 日早 8 时，古城北平寒风凛冽，但东北大学的同学们怀着满腔热情在礼堂召开学生大会，推举学生会主席宋黎为东北大学请愿队伍的总指挥。根据北平学联的原订计划，东北大学应首先与从西直门进城的清华大学、燕京大学队伍会合，然后直奔新华门。由于北平当局提前得到消息，关闭城门，当天清华、

◎ 参加“一二 · 九”运动的东北大学学生

燕京两校的队伍被挡在城门外。于是，东北大学的队伍便成为西路纵队的唯一主力，学生们高举“东北大学学生请愿团”的大旗，四人一排，手挽着手，冒着严寒，向新华门进发。当队伍中有人

阅读感悟

◎当时的《大众生活》周刊以参加“一二·九”抗日救亡运动的东北大学学生照片为封面

喊出“打倒日本帝国主义”的口号时，同学们群情激奋，许多人留下了激动的热泪。宋黎回忆说：“12月9日，在大批军警包围各个学校，其他学校学生未能按时到达的情况下，东大同学推举我为总指挥，率领队伍冲破手持大刀的军警的包围、堵截，孤军出动，直奔新华门，到新华门后队伍已聚集有两千多人。”

请愿队伍到达新华门要求见国民党军事委员会北平分会代委员长何应钦而遭到拒绝后，各校

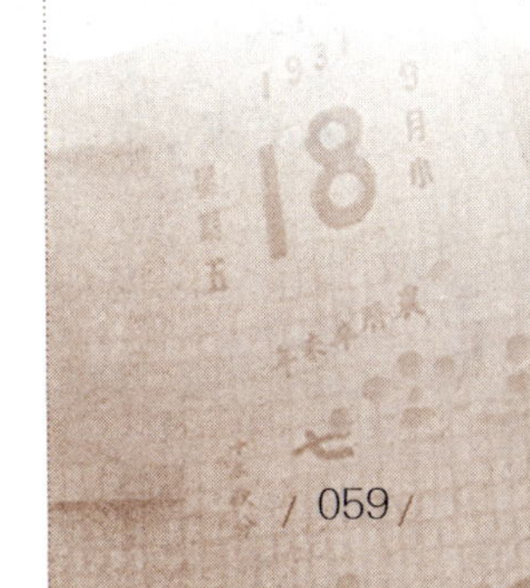

代表商议决定改请愿为示威游行。由于东北大学参加的人数最多，整个示威游行队伍的总指挥便由宋黎担任。经西四、护国寺、地安门、沙滩抵达王府井大街时，队伍已增加到四五千人。王府井大街南口布满了军警，军警们挥舞皮鞭、木棍，凶狠地抽打手无寸铁的爱国学生。同学们与军警展开了搏斗，当场有数十人被捕。

12 月 16 日，为阻止“冀察政务委员会”成立，北平学联再次组织大规模示威游行。东北大学的宋黎是游行示威总指挥之一，他和其他同学支撑着站在电车上的黄敬，带领示威人群高呼:“反对成立冀察政务委员会”“停止内战、一致抗日”“收复东北失地，争取抗日爱国自由”等口号。游行队伍再次遭到大批军警的堵截和殴打，数十名学生被砍伤。在“一二·一六”大示威中，学生共有 22 人被捕，300 余人受伤。

“五月的鲜花开遍了原野，鲜花掩盖着志士的鲜血。为了挽救这垂危的民族，他们正顽强的抗战不歇……”亲身经历了一二·九运动的曾任东北大学体育专修科音乐教师的阎述诗，以诗人光未然的诗作《五月的鲜花》为词，谱曲一首，将他的真实感受，化作了激昂的旋律，连同那次振奋人心的爱国运动一起载入史册。

阅读感悟

请愿 西安事变的推动者

一二·九运动以后，北平各大学纷纷外迁，东北大学也再次开始了流亡的艰辛历程。

1936 年 2 月，东北大学工学院及补习班从北平迁到西安，定名为东北大学西安分校。东北大学其他各学院仍在北平上课。

东北大学西安分校的学生越来越多，原校舍不敷使用，张学良在附近购买了数百亩土地，修建教室、宿舍和大礼堂。兴建大礼堂时，张学良

◎东北大学的创始人张学良

在奠基石上题了32个字："沈阳设校，经始维艰；自九一八，惨遭摧残；流离燕市，转徙长安；勖尔多士，复我河山！"

东北大学教授、校史专家王国钧说："那时，东北大学的校长是主张积极抗日救亡的周鲸文。"1936年9月初，在北平的东北大学新学年开学典礼大会上，面对2000多名师生，周鲸文（奉天锦县人，1936年任东北大学代校长，1937年被迫卸任）说："我们为什么在这里办东北大学，我们的家乡被日本鬼子强占了，我们流亡到这个地方，过的是难民的生活；我们的亲友留在关外，过的是恐怖生活，过的是亡国奴生活。我们是东北人流亡的学校，我们不能单纯学习课本，我们要担负起'抗日''回家'的任务。我要办的是抗日的大学，为国家培养抗日骨干！"

这番话赢得学生们的热烈掌声。

1936年12月9日，为纪念一二·九运动一周年，西安万余名青年学生走上街头，举行"停止内战、团结抗日"的请愿游行。东北大学西安分校学生再次走在游行队伍的前列。

王国钧曾详细写了学生游行时的情形：一直关注学生游行动向的张学良得到消息后，担心发生流血事件，立刻追赶学生队伍。站在路边的小土坡上，他挥动双手高喊："各位同学，你们的爱国热忱我是佩服的。但今天时已不早，到临潼路途尚远，请大家回去吧！你们的请愿书交给我由我向委员长陈述。你们执意要去，必然触怒当局，那就会发生流血事件！”张学良以东北大学校长的身份承诺：“请大家相信我，在一个星期内，我一定用事实来回答你们，请相信我张学良！”3天之后，西安事变爆发。

阅读感悟

西安事变之后，张学良失去自由。1937年1月7日，国民政府教育部命令臧启芳（奉天盖平人，1937年至1947年任东北大学校长）到北平“接收”东北大学，并任代理校长职务。随后，又命令东北大学迁到开封，改为“国立东北大学”。

1937年2月，臧启芳借用位于开封的河南大学校舍设立了“东北大学办事处”。1937年6月，在开封存在不到4个月的“东北大学办事处”撤销，所有师生迁往西安。

1937年七七事变后北平沦陷，留在北平的东北大学师生迁往西安。由于东北大学西安校区距离西安飞机场很近，为躲避日军飞机轰炸，东北大学再次考虑迁校。

兴学 四川三台弦歌永不辍

1937年末，臧启芳接到教育部“命东大向青海迁移”的指令，但他悄悄安排教务长李光忠带着其亲笔公函，到四川各地接洽。然而，李光忠的四川之行并不顺利，可以说到处碰壁。

抗战期间，四川共接纳48所内迁大学，占战前中国108所高等学校的44%，消化能力本就有限，且东北大学还有张学良的政治因素，因此都不愿意惹麻烦上身。

但是，当李光忠来到正因遭遇百年不遇的旱灾和洪灾而爆发饥荒的四川三台县时，时任县长郑献徵和三台人民却向东北大学敞开了怀抱。郑献徵的一本日记里记载了他接纳东北大学的心情：“当时三台虽然因为天灾缺吃少穿，但中国的未来需要大学生，所以三台人民愿意勒紧裤腰带，多添几百张嘴吃饭，这既是为了积蓄抗日的力量，也能为三台播下文化的种子……”

1938年4月23日，500多名东北大学师生或徒步、或搭车，从西安经宝鸡、汉中、剑阁、绵阳，历经数月，终于抵达三台。

就这样，九一八事变之后，流亡了7年之久的东北大学，终于找到了落脚扎根之处。东北大学的文脉终于得以延续。

办学之初，东北大学只有文学院、法学院，之后陆续扩充了理学院、商学院，增设了外文系、数学系、物理系、化学系、工商管理系、法律系等，学生人数达到700多人，成为一所完整的大学。

◎ 东北大学在川北三台县复校

动荡的时局之中，东北大学偏居一隅，得以小安，引来陆侃如、冯沅君、高亨、杨荣国、姚雪垠等名师先后来校任教。王国钧说："当时的东北大学聘请名师除了邀请学术界权威以外，也聘请了一些没有高学历，而是自学成才的教授，一旦这些教授有著作、学术成果问世，东北大学就敢于高薪聘请，这是东北大学尊重知识、尊重人才的重要特点。"

阅读感悟

1942年，国民政府教育部令改东北史地经济研究室为文科研究所，研究生毕业给予硕士学位。东大的研究生教育由此发端。

这一时期，东大编印的学术刊物《东北集刊》《志林》收录了师生数百万字的论文，研究课题从“大学精神”到“儒家政治思想的发展”；从“三台物价”到“东北人口发展的特点”，涉猎之广泛，调查之缜密，论证之严谨，令人叹服。

在致力于学术研究的同时，这些从东北一路流亡而来的热血师生，从未忘记宣传抗日救国。在校内，60余家社团用墙报、油印小报等形式宣传抗日，为当时文化沙漠般的三台带来了勃勃生机。师生们还创办读书会，把解放区才有的《在延安文艺座谈会上的讲话》等进步书刊传到了三台……

在东大师生的影响下，三台人成立了“三台县抗日总动员委员会”，以城区大中小学师生为主体的20多支宣传队，到各镇乡讲演，教唱《松花江上》等进步歌曲，演出街头剧宣传抗日，散发《抗日读本》，为购买军机募捐。短短几年的时间里，三台便成为了抗日模范县。还有部分学生参加远征军，入缅作战。

直到抗战胜利，东北大学在三台这座川北小城度过了8年漫长时光。东大师生笑对岁月，追求学术发展，传播进步文化，宣传抗日，关注时事、社会教育，倡导体育运动，三台小城也因而平添万千气象。

阅读感悟

时光流转。1945 年 8 月 14 日，东大师生与全国人民一道迎来了抗战胜利的阳光。

1946 年，东北大学师生从三台陆续返回沈阳，1947 年 2 月在北陵原校址开学。东大回迁后，一些教授留在了四川，在东大原址上创建了四川农工学院，几经辗转，成为今天的四川师范大学。东北解放后，为东北建设培养人才，1950 年，以东北大学工学院为基础，成立东北工学院，1993 年恢复东北大学校名。

回望这十五年艰苦而漫长的岁月，东北大学

◎回到沈阳的东北大学

◎ 如今东北大学校园内的纪念一二·九运动群雕

师生背井离乡，颠沛流离。但他们没有忘记沈阳的故园，没有忘记家乡的父老兄弟，兼顾求学与抗日，始终站在全民族抗战的前列。他们走到哪里，就将抗战的大纛高举到哪里。

冯庸与冯庸大学抗战的故事

冯庸与少帅张学良同时代而且是相交甚笃的人生知己和事业伙伴。他格外体现人生价值的时段是经营冯庸大学的五六年时间。他用这一段历程“证明自己的人格尊严，净化自己的心灵世界，体现自己的生命价值，化逆境为动力，引磨难向奋斗，转悲怆至崇高”。九一八事变发生后，冯庸大学师生们共赴抗日战场，站在中国十四年抗战的起点上，谱写了一曲别具一格的抗战壮歌。

◎ 冯庸大学创办者——冯庸

昔日东北双“汉卿”

提起汉卿，十有八九的人都会首先想起少帅张学良。但其实还有一位张学良的平生至交也字汉卿，他便是冯庸，冯庸的名声在当时并不逊色于张学良。

冯庸，原籍陕西，因此自称“秦人”。他的祖上文官武将辈出，并且留下了忠孝传家的家风，冯家男子必定习武。

19 世纪中叶，关内流民潮涌般出山海关“闯关东”，冯家也举家迁到了东北，落脚在奉天海城。冯庸祖父的祖父冯连举，人称“冯大侠”，是一众认可的江湖好汉。祖父冯广裕曾任海城县书吏。父亲冯德麟（冯麟阁）同样热衷于舞枪弄棒，一身功夫远近闻名。冯德麟也曾任海城县衙文书，但因讲义气私放一名土匪而被革职。彼时，他因看到太多民不聊生的社会乱象遂决定“弃学而执兵戈，结豪杰而誓忠义”，聚集几十号人，落草为“寇”，队伍很快发展到数千人，成为东北绿林大家，令人闻风丧胆。

虽然身在江湖，冯德麟却信奉“儒家治世，道家治身，佛家治心”的道理。他的队伍打出的是“保境安民”的旗号，深受拥戴，各方归附。

1901 年，冯德麟长子冯庸出生，原名冯英。冯庸资质很高。据史料记载：冯庸“幼时天资颖敏，冲龄笃学，经史孕其公忠，

阅读感悟

家风发其桓桓”。1929 年第 8 卷第 375 期《北洋画报》刊载文章称：“冯麟阁都统之公子冯庸，本名英，以谦逊故易今名。人以其短小精悍、素有大志，咸目之为‘小拿破仑’。”

1904 年日俄战争爆发，战事越来越吃紧。冯庸便和母亲从老家搬到张作霖的势力范围新民一带。冯庸和张学良开始有了人生交集。

两人自小一块儿长大，虽非亲兄弟，却情同手足。冯庸年幼时与张学良在张作霖自家办的学堂一起读书，并同取“汉卿”作为字，意味要像汉朝的张良一样成为国家重臣。1910 年张作霖

◎ 冯庸故居——汉卿楼（海城市冯庸大学历史博物馆仿建，该建筑原在沈阳冯庸大学校园内）

与七位好哥们结拜把兄弟，其中老三便是冯麟阁。1911 年，11 岁的冯庸随父亲住进奉天（沈阳），并在同年与脾气秉性大为相投的张学良结成盟兄弟。

两位汉卿有许多相似的经历。张学良毕业于东北讲武堂，冯庸毕业于北洋陆军讲武堂；他们都在东北军任过重要职务。冯庸历任东北航空处上尉参谋、少校参谋、中校参谋处长，少将航空司令等职。冯庸辅佐张学良创建了东北空军，成为东北空军的创始人之一。冯庸在繁忙的军务之余苦练飞行技术，成为一名出色的飞行员，无论高空展翅还是低空盘旋都驾驶自如。中俄中东铁路之役，冯庸驾机飞至俄境侦察、作战的勇敢表现，赢得了国人的赞誉。

◎ 曾被张作霖任命为东北空军司令的冯庸

两位奉天公子还都重视教育，他们一个是东北大学的校长，一个是冯庸大学的校长。他们也都为组建义勇军抵御日本侵略做出了自己的贡献。直到晚年移居台湾，两人也一直情同手足。

两位汉卿的故事是东北近代史上的一段佳话。

阅读感悟

倾家办学的“浊世佳公子”

冯庸一生最大的成就便是创办冯庸大学并抗日救国。后人对冯庸的基本定位是中国近代史上“为做大事而散尽家财的奇人”。

受家庭和社会的影响，冯庸很早就投笔从戎，“打算做一个爱国的军人，把从前军阀官僚的恶习气，统统打倒”。但当直奉两派爆发第一次战争时，冯庸看到许多生死相依的青年同学因为战争而牺牲，便对内战殃民深感痛心。冯庸认为，偌大一个中国，内忧外患频仍，国势渐趋衰微，要想改造，就得发展民族工业，培养大量的工业人才，走工业救国、教育救国的道路。由此，“工业兴国，先育人才”成为他的人生追求。

1926年，父冯德麟病故，冯庸退出军界（仍保留军衔），准备兴办学校。冯德麟作为江湖领袖和奉系军阀早期将领，积累了庞大的家产。冯庸召集欠冯家债务的人，当众焚烧债券；召集将土地典押给冯家的人，当众归还地契，销毁借据；

还召集家人宣布，将冯家全部财产310万银元捐作冯庸大学的校产。1927年春，冯庸大学破土动工，校址位于铁西汪家河子村，即现在的铁西区滑翔小区一带。

冯庸大学布局独特，有教室、办公室、宿舍计200余间。主体建筑为忠楼、仁楼、中庸楼，三座楼用廊道连接，分设大学部、中学部、小学部。1927年8月8日，冯庸大学成立，时年26岁的冯庸担任校长兼训练总监。不到一个月时间，共招学生5个班，预定学生数为180余人，10月1日行校舍落成典礼，10月10日正式开学。黄底蓝星、灿烂光辉的冯庸大学校旗自此飘扬在沈阳上空。人们对冯庸的义举赞不绝口，冯庸成为显赫一时的“翩翩浊世佳公子”。

冯庸大学是东北少有的几所高等学府之一，而且是东北地区第一所公益性私立大学。冯庸大学不但是中国第一所西式大学，而且很快成为国内知名学府。冯庸大学时设机械、木工、法律等9个系。冯庸重视工科，注重培养学生的动手能力。他不惜重金聘请留学英、法

◎ 冯庸大学校印

阅读感悟

等国的富有治学经验的教授，如当时中国著名教育家、电机专家刘锡瑛，留美物理学硕士张维正。冯大教学设备一流，是中国第一所拥有军用教学飞机及机场的大学。这么高标准的冯庸大学，对学生却一切免费，学校所需费用全部来自冯家家产。1931年九一八事变前夕，冯庸大学学生总数已达700余人。

冯庸具有强烈的爱国主义精神，他以培养新人、改造社会为基本出发点，着眼于培养道德纯正、体魄健康、有武勇精神、懂军事、会技术的新青年，从而达到爱国、救国的目的。冯庸的办学宗旨是“造成新中国的青年”，即培养具有新思想、传统的卫国与建国能力的新青年。冯庸教育思想有三：一是“八德八正”，“八德”即孝、悌、忠、信、礼、义、廉、耻，“八正”即正行、正业、正思、正言、正视、正听、正德、正容；二是“教育机会均等”；三是“工业救国”。

冯庸特别注重体育，决心通过学校教育摆脱国人的“东亚病夫”之名，所以冯庸大学体育设施特别齐备。冯庸规定除课堂讲授外，人人都要受军事训练，每日实行强迫运动一小时，即便是严冬积雪，学生也要坐卧雪地反复苦练，以增强学生体魄，培养其吃苦耐劳精神。

冯庸推行非常严格的军事化训练，亲自督导表率，坚持与学生共同训练，“每到假日大雪天则实施野战演习”，“顶着风雪，向南满铁路攻击前进”。校园中不时响起昂扬雄壮的新青年歌声：“新青年，爱国家热泪涟涟；痛列强，旧恨新仇不共戴天。”当时，沈阳人把冯庸大学与东大营、北大营两个军营相提并论，称其为“西大营”。

走上“九一八抗战”的战场

冯庸年少有为，二十多岁就已成为奉系军政界十分活跃的人物，他视国家利益高于一切。冯庸大学成立后，更是处处以国家利益为重，积极担当。

1931 年暑期之后，冯庸大学盛况空前，生机勃勃。但是因为冯大推行免费教育和发展迅速，其校产管理处的收入渐渐无法应付学校开支，于是冯庸母亲毅然变卖了留着养老的、位于沈阳城内四平街的两个大丝房“同庆合”“同庆永”，支持冯庸办学。

冯庸大学名气日盛，冯庸教育思想的锋芒更加直指日本帝国主义，引起日军强烈不满，视之为眼中钉、肉中刺。

阅读感悟

1931 年 9 月 18 日夜，日本悍然发动蓄谋已久的侵略战争。沈阳城沦陷，冯庸大学也被日军占领。

冯庸被日军扣押后，曾经被软禁在沈阳大和旅馆（今中山广场的辽宁宾馆），关东军司令本庄繁胁迫冯庸为其所用，企图策划满洲独立。本庄繁让冯庸替代张学良主持东北政局，冯庸大义凛然，断然拒绝："因此若杀我，我亦死得光明磊落"，"死耳，誓不为卖国贼"。日本人认为冯庸还有利用价值，所以暂时未对冯庸下毒手。冯庸被扣押期间通过来探望他的老师给学校传递了一张纸条："冯大师生速到北平。"学生们开始准备前往北平。

占领冯庸大学后，日军将其改建成飞机修理试飞机场（即后来的滑翔机场）。"滑翔"的名字就这样保留下来，其实这里事关一段血泪和令人悲愤的历史。

冯庸大学被占领后，大部分师生陆续撤到北平。张学良少帅把彰仪门里师大二院拨给冯庸大学使用。冯庸也在冯庸大学日籍教授冈部平太郎的帮助下逃离虎口，从上海绕道来到北平，继续主持冯庸大学校务。

丧失家园、校园的冯庸大学师生并没有消极流亡。1931 年 11 月 1 日，“冯庸大学抗日义勇军”在北平誓师。冯庸发表了慷慨激昂的战前讲话，发出“不夺回老家东北，誓不为人”的誓言。1932 年 10 月 1 日，冯庸大学在北平西直门崇元观 5 号的前陆军大学校舍复校，张学良参加了开学典礼。

训练有素的冯庸大学学生义勇军穿上灰布棉军服，积极呼吁救国，他们把大标语贴上前门楼以及各大学门前，甚至进入舞场宣传。“一时之间，陈腐的北平市，也有了共赴国难的朝气。”

1931 年底，冯庸率义勇军请愿团乘火车南下，参加东北各界爱国人士组织的向南京国民政府请愿行动，呼吁国民政府积极抗战。到南京后，冯庸发现有些参加请愿的人动机不纯，于是连夜组建冯庸大学同学义勇纠察队，防止请愿队伍做出暴乱行为，以保证觐见蒋介石委员长的请愿顺利进行。冯庸以大局为重的思想再次体现。其实，很多人都知道九一八事变后南下请愿团的事，却不知道冯庸大学在其中发挥的重要作用。

请愿团刚回到北平，1932 年 1 月 28 日，淞沪会战又打响了。冯庸大学抗日义勇军立即奔赴上海，参加淞沪会战，在杨林口等地奋勇抗击日军。国民政府战史会档案《义勇军参加淞沪抗日

阅读感悟

战争纪要(1932年3月)》中记载：“冯庸大学义勇军，服役战场，亦极努力，其最大功绩为构筑防御工事。当三月一日我军全线撤退之时，该军曾在浏河方面协助陆军抵御倭寇，尤显忠勇。”尤其值得一提的是，冯庸夫人龙文彬出任队长，带领义勇军中的16名女学生组成了女子抗日义勇中队，短发男装，被时人称为“现代花木兰”“抗日花木兰”，传为佳话。

◎ 冯庸大学女子抗日义勇队在进行射击训练

淞沪之战结束后，冯庸大学义勇军回到北平，放下枪杆就拿起笔杆，复校上课。不久，日军进攻热河。热河省政府主席汤玉麟（绰号汤二虎）“自知智慧与力量无法抵抗强大的日军，乃电邀冯校长到承德”（刘毅夫《冯庸大学忆往》第27页）。于是，冯庸又一次组织了200余学生参加的北上抗日义勇军，留下的只有三五十名东北老同学，其余都是复校后招上来的新生。留校的老东北学生又组成校园纠察队，执行护校工作。

冯庸率领冯大义勇军开往凌源、朝阳、承德等地。他以第七路义勇军总指挥名义在凌源设指挥部，协助东北军和各路抗日义勇军阻击敌军。冯庸大学师生们英勇拼杀，在叶柏寿迎战日军，先后有一名教师牺牲，三名学生被俘。由于武器落后，难挡日军攻势，冯大学生们在与正规军移防后，转而开展战地救护工作。冯庸与抗日后援会会长朱庆澜合办抗日救护队，在枪林弹雨中抢运伤员，直至热河抗战结束。 回校后，爱国的青年学生坚持利用大学校园创办伤兵医院，接收了许多来自前线的伤员，伤兵一度达到 500 多人，直到长城抗战结束。

九一八事变发生后，冯庸大学师生在枪林弹雨中总是坚持奔赴最危险的地方、最激烈的战场，从不退缩。区区几百人的私立学校，国难面前，其学生义勇军南下北上，保家卫国，不能不说是抗战起点上一道亮丽风景。作家冯英子写道：“冯庸原来是大学校长，东北沦陷之后，他率领学生打游击，当时名闻全国，凡是青年知识分子听到他的名字就有肃然起敬之感。”

1933 年 6 月，冯家私产基本耗尽，冯庸大学再也没有恢复学校的力量了。经张学良同意，冯庸将学校并入东北大学。《国立东北大学廿四周年纪念册》有如下记载：“1933 年 6 月，冯庸大学结束，并入本校，所占原陆军大学校址由军委会拨为本校校舍。”冯庸大学绝大部分学生各奔东西。他们有的报考燕京大学、清华大学，少数学生转到浙江大学和河南大学，还有的回东北加入中共地下组织继续抗日，有的青年投考军校，报效国家。冯庸大学从建立到解散，历时 6 年，共 3 批毕业生。

阅读感悟

足以传世的“冯大精神”

1933 年，冯庸大学解散，但是冯庸大学教育救国的精神没有泯灭。“冯庸要武装中国人头脑”的思想继续在东北大学和冯庸大学学生去往的各个高等学府里存在着、传播着。

冯大的歌曲充分体现了冯庸大学的精神。歌词明确提出反对帝国主义，将九一八事变定位为百年国耻，与蒋介石不抵抗政策针锋相对。《冯庸同学歌》写道“铁蹄踏碎国之仇，宝刀杀尽敌人头”；《新青年歌》写道“爱国家热泪涟涟，痛列强旧恨新仇不共戴天”。歌词铿锵有力，激荡人心，每一个音符都跳动着强烈的救国情感，这对爱国的热血青年颇具号召力。冯庸还创作了《冯庸义勇军军歌》，歌中唱道“冯庸，冯庸，冯庸义勇军！光荣历史，忠勇气拔群。曾经远征胪滨，战垒蜿蜒十里断寒云！倭奴据我疆，虎狼猖狂，誓维民族光，驰骋沙场，慷慨赴国殇，恨难忘。”这些抗日歌曲表现了冯庸大学的爱国精神和救国强国的壮志。

冯庸大学只存在 6 年，却有一大批热血青年从这里走上抗日征程，有的为抗日救亡捐躯，有的成为国共两党的骨干。杨易辰，早年在冯庸大学预科学习，抗战时期曾是辽北省第二地委书记，后任中华人民共和国最高人民检察院检察长；冯秉天，1931 年在冯庸大学读书时加入学生义勇军，参加淞沪抗战和长城抗战，中华人民共和国建立后，任东北协作区委员会秘书长兼办公厅副主任；张西帆，北平时期冯庸大学学生，曾任北京卫戍区副司令员；雷加，1929 年在冯庸大学中学部读书，曾参加南京请愿、淞沪抗战，曾任中国作协北京分会副主席，著有长篇小说《潜力三部曲》和短篇小说集《水塔》等作品。

特别为时人所称道的是，冯庸大学学生中有数十人效仿冯庸成为威震敌胆的航空英雄。他们报考杭州笕桥的中央航空学校，许多人在抗战中血染长空、以身殉国，如中央航校二期的张旭夫、赖逊岩，三期的刘宗武、张炬祖，四期的秦廷卿、王远波，六期

◎ 航空英雄冯庸成为冯庸大学学生的楷模

的李洁尘，以及赵祥光、马世昌、王宗哲、王一龙等。李洁尘，沈阳人，生于1914年，通晓五国语言。九一八事变后，17岁的李洁尘随同冯庸大学义勇军先后转战上海、承德等地抗日，后考入杭州笕桥中央航空学校（第六期）。1937年8月14日，李洁尘从蚌埠机场起飞，飞临上海公大纱厂、汇山码头及吴淞口上空，攻击日军地面和水面目标。在驾机攻击停泊于黄浦江苏州河口的日本海军第三舰队旗舰“出云”号的战斗中，他不畏敌舰炽烈的高射炮火和隐匿云层的敌机袭击，俯冲投弹，命中“出云”号，使之遭重创。8月16日，完成当日攻击上海日军目标任务后，

阅读感悟

余曾尽忠国家，以廉勤公正为矢；亦曾尽孝民族，以明耻施教为的。

——冯 庸

李洁尘与战友卢敏共同驾机返回蚌埠加油后，准备再去河南许昌执行任务。起飞时，发动机突然出现故障，飞机坠地，两人不幸殉职。

1949 年，冯庸随国民党迁至台湾，仍担任空军要职，但他思乡情切，多发出“闾山苍苍，渤海茫茫，死后不再梦辽东”的感慨。年届七十的时候，冯庸写下了 15 条遗嘱，其中第二条：“余曾尽忠国家，以廉勤公正为矢；亦曾尽孝民族，以明耻施教为的。”1981 年 2 月 15 日冯庸于台北去世。

冯庸以及冯庸大学的抗战歌曲和众多英勇的抗战校友无不彰显着冯庸大学短暂却辉煌的历史和“誓维民族光，慷慨赴国殇”的慷慨誓言，在国破家亡的年代鼓舞着众多的热血青年投入救国、强国的革命洪流中。

◎ 位于海城市的冯庸大学历史文化博物馆

义勇军特工张凤岐的故事

1932年7月29日至31日，沈阳《盛京时报》、北平《商报》《新报》《晨报》《全民报》、上海《时事新报》《申报》、南京《中央日报》、香港《大公报》、“满铁”机关报《满洲日

昭和七年七月三十日

滿洲日報

日滿要人を暗殺して
滿洲國政府顛覆陰謀
首魁は瀋陽縣警察局長

首魁並に幹部の氏名

瀋陽縣警務局長
張鳳岐謀叛始末
襲擊省城未遂事件

張海鵬殆將督辦
遼西十二縣國防

蘇俄少年軍
逞然謀亂

◎ 当时的《满洲日报》和《盛京时报》对“张凤岐事件”的报道印证了义勇军特工张凤岐的抗日事迹

报》等三十几家报纸，都在显著位置报道了沈阳县警察局长张凤岐等十余人被捕、被日寇惨杀一案。事件一时震惊全国，在当时的中国各阶层引起了强烈反响。80 多年过去了，曾轰动一时的爱国将领、义勇军特工张凤岐的故事并未湮没在历史的烟尘之中，张凤岐率部英勇抗击日军侵略，不畏牺牲、秘密潜伏，不为日寇利诱、拷打所动，以身殉国的壮烈事迹，又重新回到大众的视野。张凤岐烈士是沦陷后的沈阳绝不屈服、誓死抗日的英雄楷模。

◎ 义勇军特工张凤岐

百姓爱戴、同僚器重的青年才俊

1651 年张凤岐祖辈由山东昌邑县“拨民”至今辽宁省营口县城南三十里海边安家落户，并将落户村命名为“昌邑屯”。张凤岐字桐岗，1888 年就出生在这里，其祖父是雇农，父亲是盐工。

张凤岐幼年在本村读私塾，后考入营口师范学堂，毕业后在营口县太平山清政府设立的小学执教，这期间他接触了一些见多

阅读感悟

识广的进步教师和开明绅士，对清政府的腐败和卖国行径非常愤慨。1907 年张凤岐考入奉天高等警官学堂，1909 年毕业后被任命为驻本溪县下马塘巡官，不久又擢升为区官。他在本溪警界任职八年之久，口碑极好，深受当地百姓爱戴。1918 年春，张凤岐转职到奉天军械厂任兵器科科员，在奉天军械厂工作期间常与军界接触。1922 年张凤岐调任东三省兵工厂总务科长。1926 年后，张凤岐奉调入关，先后任河北省抚宁县警务科长、唐山警察厅督察长等要职。1928 年张学良主政东北，张凤岐出任奉天警务厅督察长，加强警戒，防止日军趁乱动手，为确保沈阳安全做出了贡献。

◎ 青年时代的张凤岐

张凤岐与黄显声见地颇近，很快成为好友。在张凤岐推荐保举下，黄显声考入东北陆军讲武堂，毕业后进入东北军，受到张学良的器重与信任，一再擢升。在黄显声任东北军二十旅旅长时，旅部驻扎在洮南。洮南地区日本人走私鸦片、武器等十分猖獗，经黄显声推荐，张凤岐到洮南县任公安局长。张凤岐到任后有力地打击了日本浪人的不法活动，对日本间谍活动也进行了严密监控。日本驻洮南领事馆极力拉拢张凤岐，他不为所动，日本人因而恨透了张凤岐。

◎ 任洮南县公安局长的张凤岐

不惧危险　秘密潜伏

1930 年，黄显声出任辽宁省警务处长，随即将张凤岐调任沈阳县公安局长兼公安大队长。他上任后，东北的局势日趋紧张，日军调动频繁，不分白天、黑夜频频搞军事演习，甚至在大北门外搞攻城演习。张凤岐按黄显声的要求积极组织沈阳周边郊区民团和大会武装，名为保卫地方，实为准备配合东北军抵抗日军的进攻。这时期沈阳地区公安武装力量明显增强，真正实现了

阅读感悟

1929年10月4日张学良颁布的《国民义勇军组织条例》中组建民众武装的目的，这种民众武装就是义勇军。“九一八”之后，东北义勇军成为抗击日军的主要力量。

“九一八”当夜，日本关东军进攻北大营的消息传来，黄显声立即向沈阳各公安队发出“原地坚守，不准撤退，阻击日军”的命令。张凤岐立即赶回沈阳县公安局组织部署公安大队阻击日军入侵，同时派员侦察敌情以及北大营的状况。根据情报，9月21日下午，黄显声下令公安大队向西撤退到锦州。张凤岐带领部分警察公安部队继续阻击日军，同时收集情报，侦察敌情，后于22日深夜撤出沈阳，在沈阳城北新城子集结。汇总了侦察情报后，张凤岐赶往锦州见到了黄显声，黄显声听取了日军占领沈阳后的动向说：“凤岐兄，大敌当前，咱警察公安大队不管政府怎样，我们应尽职尽责。下一步咋办，想听听你的意见。”张凤岐长叹了一口气说：“真是窝囊啊，泱泱大国总是被小日本欺负，堂堂的东北军连个招架之功都没有，光等‘国联’要等到什么时候？我们应该靠自己，联合各地公安部队、民团、大会武装，组织义勇军与日军开战。但我们目前缺少武器弹药及必要的装备，天马上冷了，过冬的棉衣、人吃马喂的都需要解决。眼前与日军作战，不具备条件。当前除抓紧解决武器弹药军需外，最重要的是摸清敌情，以便决策。若想搞到日军情报，我们最好打入敌人内部，潜伏下来随时传递出有价值的情报，以便寻找时机打击日本关东军，夺回沈阳。”黄显声说：“凤岐兄，你说的这些事，有些好办，武器弹药、军需物资，我去找学良解决，但派谁回沈阳？如何打入敌人内部？是个麻烦事，派出的人，尤其是打入敌人内部风险太大，太危险。另外，也没合适的人哪。”张凤岐说：“点子是我出的，我有所考虑，我去最合适。”黄显声说：“你去不合适，你是我大哥，又是我的主心骨，另外你一大家子人，上有老下有小，一旦出点事我又怎么向大嫂交代？你去我不同意。”张凤岐回应道：“都什么时候了，显声咱们就别再说别的了，我决心已下，我已有了打入敌人内部的初步想法，回头我们再好好商量商量，我想办法还继续当警察局长，利用‘合法’身份，秘密组织联络沈阳及周边爱国警察、公安队、乡民团，然后再发展、储备更多的武装力量，做好准备，一旦时机成熟，里应外合把日本鬼子赶出去。”

9 月 25 日晚，张凤岐率部分公安大队和几名可靠部下共 60

阅读感悟

余人秘密潜回沈阳。在进入沈阳前派陈范先进城打探。他们先在蒲河召开了一次重要会议。参加这次会议的有沈阳县警察局督察长杨春元、司法科长耿光汉、庶务科长程云桥、公安大队长秦国禄，以及警员陈范、洪德章等人，会上传达了黄显声的指示，研究了今后的工作方略，并做了具体分工。

汇聚力量　共谋抗日

就在张凤岐等人潜回沈阳之际，日本人在沈阳县任命了一位李姓伪县长。他到任后，正急需一名警察局长带队维持治安，于是他推荐并保举张凤岐继任警察局长。

张凤岐到任后，充分利用自己的地位和权力，在沈阳周边组织民团大会，表面上是为防土匪，保护省城，实为建立抗日义勇军。他又扩充骑兵队，安排胞弟张凤礼（张桐阳）任中队长，将抗日义勇军实权掌握在可靠人手中。

1931 年冬至 1932 年 4 月间，黄显声多次派人到沈阳秘密与张凤岐接头，传达北平东北民众抗日救国会“集中力量、做好内应”的指示，并送几十万大洋作为购买武器弹药及活动经费。张凤岐任命程云桥为爱国警察义勇队后勤部门负责人，管理经费，筹办粮草、马匹、枪支弹药；同时任命陈范为警察义勇队联络参谋，同救国会保持联络。

根据掌握的情报，1932 年 5 月初，黄显声派一名参谋到沈阳向张凤岐传达指示：做好 8 月份里应外合攻打沈阳的准备工作。当时张凤岐在沈阳及周边可调动的巡警、公安队、民团、乡大会武装力量达 8000 余人，枪支弹药等物资储备较为充足，武装人员在蒲河至铁岭一带抓紧训练。但张凤岐深感在当时那种险恶环境里，人心叵测，情况瞬息万变，稍有不慎就会影响攻城计划，同时也会危及众人的身家性命。于是他同二弟张凤礼（张桐阳）、三弟张凤竹（张桐江）说：“国难当头之时，我们不能畏缩，我们哥儿仨应各尽其职，我和二弟一起打日本鬼子，三弟在家好好照顾父母，也许我们在这次战斗中为国捐躯，但死而无憾。我以身许国，这是每个中国人应尽的天职。”

这时，日本人命张凤岐去东部山区“剿匪”（义勇军），张凤岐借此机会补充了不少武器弹药。在沈抚交界处，消灭了几股真正的土匪，缴了一些破枪回来，谎称剿灭了几股义勇军。公安队付渊如、阎启文甘当汉奸，向日本宪兵队密报张凤岐打的不是义勇军，几次下来，引起了日本宪兵的注意。日本宪兵队特高课又从各种情报中得知张凤岐等人的秘密活动，不过尚无确凿证据，当即指派特务严密监视沈阳县警察局的动向。

5月中上旬，日本宪兵队怀疑沈阳县警察局便衣队员胡毓中是东北义勇军的密探，而将他密捕。在严刑拷问下，他供出沈阳县警察局督察长杨春元同义勇军有联系。杨春元在家被捕，由于杨在审讯中拒供，日本人又无有力证据，只能视为嫌疑犯。但就在杨被捕当晚，张凤岐的警卫员孟宪臣在饭馆喝酒闹事，被沈阳城内皇宫宪兵队

◎ 张凤岐夫妇与兄弟、子女合影

阅读感悟

国难当头之时，我们不能畏缩。也许我们在这次战斗中为国捐躯，但死而无憾。我以身许国，这是每个中国人应尽的天职。

——张凤岐

拘捕。日本宪兵打了他几个耳光，孟尚在酒醉中，说了一阵酒话："你们日本人等着吧！咱局长说了，你们长不了……"这几句话引起了日本宪兵特务的高度注意，对孟严刑拷问。5月16日，孟受刑不过，终于供出张凤岐8月份与义勇军里应外合攻打沈阳的计划。日本宪兵队马上将这一情况报告"新京"（今长春市）宪兵总部和关东军司令部，新京急电沈阳日本宪兵队特高课迅速逮捕全部参与者。

殒身不恤　英勇就义

1932年5月16日午后2时许，沈阳马路湾日本宪兵团特高课山口课长命令城内皇宫宪兵分遣队长小川带队前往沈阳县警察局将张凤岐等人逮捕。与他同时被捕的有耿光汉、程云桥、潘德彰等人，日本宪兵又去沈阳县税务局逮捕了税务公安队长陈范。

1956年，据曾在沈阳马路湾日本宪兵团充当"宪补"，主要做翻译工作的胡江证实，张凤岐被捕初期关在沈阳城内皇宫宪兵分遣队，因张凤岐身份特殊，日本人开始对他没有动刑而是优待，吃住都不错，一人住单间，有一张床，一套桌椅，由小东门外"黄家饭馆"送饭，每日送两次。还允许与家人见面，宪兵对他也很尊敬，主要是规劝。一次小川同张凤岐谈话，胡江担任翻译。

阅读感悟

小川说：“张桑，你的处境你是很明白的，你自己解救自己吧！大日本对你是宽容的，只要你答应条件你会获得自由的，你的明白？”张问：“什么条件？”小川回答：“你在报纸上声明不再参加义勇军，不攻打沈阳城了，招抚义勇军及部下投降，你仍任原职或到警校当教育长。”张凤岐严词拒绝。5月末，敌人将张凤岐押往马路湾日本宪兵团继续做“归顺”工作，仍屡遭张凤岐怒斥。6月2日，日本宪兵团行动课长山野武夫审问张凤岐，胡江做翻译。山野说：“你当沈阳县警察局长多好啊，为什么要反抗大日本呢？”张答：“我张某人身在警察局一天就有责任保卫老百姓的安全。你们日本人占领沈阳，我组织警察打你们是我的责任，你们提的条件免谈，我从进来那天就没想到活着出去。你们枪杀那么多中国人，那么多无辜的老百姓。我是个坚决反抗者，你们的死敌，你们能放过我吗？”山野问：“你们还计划暗杀本庄繁司令官吗？”张凤岐回答道：“是的，只是没找到机会……”

由于张凤岐态度一直强硬，从6月5日起，

日本宪兵对他反复用刑，将张凤岐打得遍体鳞伤，张凤岐仍坚忍不屈。这时日本宪兵团长井上派军医为他治伤。军医对宪兵团长说："不能再动刑了，那样他会很快死去。"

日本宪兵团给张凤岐安排了单间，医生每天给予治疗，张凤岐伤渐渐好转，体力有所恢复。一天胡江接到通知，叫他为宪兵团长井上做翻译，井上要亲自找张凤岐谈话。这天宪兵将张凤岐脚镣手铐摘掉，押到会议室，宪兵给他倒了一杯水又备了一盒香烟（张凤岐从不吸烟）。不一会儿，宪兵团长井上、特务课长荒木、行动课长山野武夫来到会议室。井上说："你的处境很危险这一点你是明白的，如果是别人早就被处决了。为什么等你这么久？我认为你是人才，你懂警察教育和训练，不可多得。你不在报上声明可以，但你到沈阳警察学校做教官总可以吧？"张回答道："我不会为你们占领者做任何事的，我的行为你会明白的。井上团长我问你一个问题，如果你们日本被外敌侵占了，你会怎样？你是等着被杀，被奴役，还是反抗呢？"井上说："反抗那是自然的……"张答："这样你就理解我的行为了。"井上说："历来统治者对反抗者要镇压，这是常理呀！越反抗我们就越会镇压，越镇压你们就越会反抗，这样反反复复是正常的事，不过有很多中国人愿意与我们日本人合作，而且合作得很好。再说我们日本占领东北是为了不让苏联奴役你们满洲人，搞大东亚共荣，

阅读感悟

而你们不接受还要反抗，我们不理解。”张回答：“大东亚共荣是你们的一个幌子，实际就是侵略，谁都明白。就谈到这儿，送我回去吧！”井上又说：“你的案子很重大，宪兵总部要直接管这个案子，不日送你们去新京……”张斩钉截铁地回答：“送我到哪儿我都是这个态度。”

6月上旬，沈阳宪兵团将张凤岐等五人带上黑布头套，押上火车行李车厢，被送到“新京”（今长春市）宪兵总部地下室看守所，对他大搞心理战术，宣传大东亚共荣和王道乐土。一次，宪兵总部情报部主任吉田野对张凤岐说：“马上要成立新的国家，你是大有作为的。”张凤岐驳斥说：“什么新国家？不就是殖民地吗？让我们做亡国奴吗？”

1932年7月下旬，沈阳宪兵团又将张凤岐从长春押回沈阳，与他同去的抗日志士都牺牲在了长春。日军满洲宪兵总部已下命令将张凤岐押回奉天处决。由于回沈阳的路不太好走，张凤岐等人和押解宪兵途径开原县城时吃了一顿午饭。胡江将张凤岐的手铐解开陪他上厕所，张凤岐把早就写好的遗书交给胡江。胡对张凤岐说："张局长，这是要送你上路了……"张凤岐坦然地说："这是我早已预料到的事。我不怕死，我为抗日死，值了，不会让我的后人抬不起头来。"

张凤岐从长春被押回沈阳不久的一个黄昏，小川队长及十几个日本宪兵荷枪实弹，从沈阳故宫日本宪兵分遣队（队部在现沈阳故宫研究院）把带着手铐脚镣的张凤岐押解到故宫大政殿后，用铁丝将他捆在一根石柱上，山野武夫等亲自到现场进行最后规劝。山野劝道："张桑！目前你的处境你很明白，还是那个条件，你现在答复还不晚。否则，你将从这个美好的世界消失，你有什么远大的理想都没用了，还是现实一点吧！"

张凤岐坚定地说："我为国捐躯，死而无憾！"

山野说："好吧！我送你上西天！小川，马上行刑。"

一桶油从张凤岐头上浇下来。小川将火扔到张凤岐的身上，瞬间烈火腾起，张凤岐用尽最大力气高喊："小日本你们烧吧！你们杀吧！中国四万万同胞你们是杀不完的……"

烈火吞噬了这位年仅 45 岁的抗日爱国者，但张凤岐的爱国精神在烈火中永生。这是多么惨烈而又悲壮啊！国恨家仇后人勿忘！中华儿女当奋发图强！

正是张凤岐、杨春元等抗日英雄的顽强不屈，保持了高尚的民族气节，没有供出核心机密，也保护了参加行动的其他人的安全。这些抗日义勇军战士不久就处决了胡毓中、孟小胡子两个叛徒，多次用手榴弹袭击日本城内皇宫宪兵分遣队，迫使其撤到大西边门，让日寇感受到了中华民族不屈的精神。

张凤岐牺牲两个月后，其家属才得到消息。为了避免遭到日伪当局的迫害，张凤岐的妻子王氏带领子女流亡他乡，靠亲友的接济过着动荡不安的生活。当时只有 14 岁的老四张大飞对五弟张大翔说："我们长大了一定去打日本鬼子，为父报仇。"

1934 年，张大飞带着张大翔流亡到北平，张大飞考入已流亡到这里的东北中山中学。1938 年，张大飞又考入杭州笕桥中央航校十二期。后来他又到美国学习，1942 年学成归国并参加抗战，击落数架敌机。同年，张大翔考入重庆一所大学。1944 年响应政府"十万青年十万军"的号召，参军入伍，考入航校第二十四期。1945 年春，张大翔在云南训练时同张大飞相见，这也是二人的最后一次见面。1945 年夏初，张大飞在河南信阳阻击日军的战斗中英勇牺牲。

1947 年初，张大翔进入了山东解放区，并参加了中国人民解放军。后来，他被调到第六航校任助教、大队长、科长、处长、副部长，直到 1982 年离休，他在航校工作 30 余年，为祖国培养了一大批优秀的飞行员，为我国航空事业做出了很大的贡献。

◎ 张凤岐烈士

张凤岐的两个儿子，一个成为抗日烈士，一个成为航空界的专家。他们继承了父亲的遗志，在战火纷飞的年代与和平建设的时期实现着自己的理想，为中华人民共和国的建立和发展做出了巨大的贡献。

《义勇军进行曲》的故事

“起来，不愿做奴隶的人们……”这是大家再熟悉不过的词曲。这就是我们的国歌，国歌的名字叫“义勇军进行曲”。今天我们回望历史，了解一下《义勇军进行曲》是如何诞生并被确定为中华人民共和国国歌的。

东北抗日义勇军兴起

每当《义勇军进行曲》响起，那激昂的旋律都在提醒炎黄子孙要记住中国人民曾经万众一心筑起的血肉长城，记住那些“站前排、挺脊梁”的中华儿女，他们曾有个响亮的名字叫“义勇军”。“三十万人不解甲”是他们的壮烈，“司令如毛，义师如潮”是他们的气势，“宁当战死鬼，不当亡国奴”是他们的良心血性，“骑自己的马，吃自己的饭，穿自己的衣，流自己的汗，和武装到牙齿的关东军殊死决斗”是他们的血战征程，“宁为义勇死，节烈永芬芳”是他们人格与风采的写照。

◎ 抗日义勇军首领“老北风”张海天

义勇军通常指地方或民间自愿组织的武装力量，九一八事变发生后，辽沈地区处在日本侵华最前沿，抗日义勇军兴起最早、规模最大、影响范围最广。1931 年 9 月 23 日，盘山人张海天、项青山等在沈阳沙岭组织了抗日武装“讨日扶民救国军”，又袭击了被日本人占领的营口水源地和发电所，打响了中国民众抗战的第一枪。

◎ 义勇军将领“老梯子”高鹏振

辽沈是东北重镇，历来英才辈出。报号“老梯子”的绿林首领高鹏振曾在新民、沈阳求学，九一八事变当天正在沈阳养伤。九一八事变后他率众起义，于 9 月 27 日组建了“镇北军”，宣布抗日救国，后又将队伍正式定名为“东北民众抗日救国军”，攻打日寇占领的新民城、五台子，击毙日军指挥官不破直治大尉，其声名威震辽沈。高鹏振赋诗：“孰知土匪能御侮，哪晓百姓也杀敌。保卫家乡当义勇，轻骑纵马战辽西。”“土匪御侮、百姓杀敌”反映了全民族抗战正在蓬勃兴起。

沈阳沦陷后，东北边防军司令长官公署和辽宁省政府迁往锦州。辽宁省警务处长、沈阳市公安局长黄显声成为义勇军的实际组织者和领导者。在中共地下党员刘澜波的协助下，黄显声对东北义勇军进行改编，并委任各路义勇军司令。黄显声、刘澜波英雄本色，惺惺相惜，提出既然国民政府执行“不抵抗”政策，正规军不能光明正大抗日，那就成立民间义勇军奔赴抗战疆场。其间，在东北沦陷区，民间抗日武装力量名目繁多，在前面冠有中国、东北、辽宁、吉林、黑龙江、热河等名称，之后加上国民救国军、血盟救国军、民众自卫军、民众自卫义勇军、抗日同盟军、抗日联合军、青年铁血军、反日游击队、反日义勇军、救国义勇军等。为此，黄显声、刘澜波等制订了组建抗日义勇军的纲领性文件《编委方案》。《编委方案》对抗日义勇军的组编程序、奖励办法、

阅读感悟

宁为义勇死，节烈永芬芳。

——高鹏振

武器装备和经费来源等都做了明确的规定。那时候，位于锦州的辽宁省临时政府实际上成为以组织义勇军抗战为主要使命的抗日政府。到 1932 年 3 月，黄显声和北平“东北民众抗日救国会”委任的辽宁义勇军就有 56 路，30 多万人，仅以锦州为中心的辽西地区义勇军就有 30 余路。黄显声被誉为“血肉长城第一人”，他的抗战情怀如同他印章上的字迹：“骑富士山头展铁蹄，倭奴灭，践踏樱花归。”

《义勇军进行曲》的词曲源泉

正是义勇军冲锋陷阵的抗战事迹，催生了以《义勇军进行曲》为代表的一大批抗日救国歌曲。在辽宁义勇军里诞生了许多军歌、誓词，这些军歌、誓词以“震国威，鼓舞民众抗日”为主题，与《义勇军进行曲》的歌词有异曲同工之妙。例如，“老梯子”高鹏振义勇军的誓词是这样的：

“起来！起来！

不愿做亡国奴的人们，

山河（破）碎，家园（被）毁，

爹娘当炮灰，

留着（我们）头颅有何用？

拿起刀枪向前冲，

杀——杀——杀，

一——二——三——四！”

加入“老梯队”的义勇军战士都会唱这首励志战歌，前些年还有幸存的义勇军老战士王玉楼在传唱这首誓词歌。

与《义勇军进行曲》更神似的是抚顺清原孙铭武兄弟与张显铭共同创建的“血盟救国军”的军歌，歌中唱道：

“起来，不愿当亡国奴的人们，

用我们的血肉唤起全国民众；

不能坐以待毙，必须奋起杀敌。

中华民族到了最危险的时候，

起来！起来！

全国人民团结一致，

战斗！战斗！战斗！战斗！”

谁能说这首歌词与我们今天唱的国歌没有关系呢？“血盟救国军”遇挫后，残部转入唐聚五领导的义勇军。军歌的生命力是强大的，像星星之火一样在义勇军中广泛传播。唐聚五等义勇军

◎ 聂耳慰问义勇军旧址、纪念碑

将领也按照东北民众抗日救国会的要求面向全国宣传东北抗战并呼吁全国抗战。这样鼓舞人心的战歌怎们能不被传唱呢？

田汉和聂耳都是共产党员、进步文艺工作者。当年聂耳是热血青年，田汉已是文化界名人。他们在国难当头之际心系前线，目光必然会被最激烈的战事牵动，思想也必会被各种报道所打动。

田汉深受东北抗日义勇军英勇抗敌的事迹和军歌的鼓舞。他在 1933 年时写道：“最后的胜利不决定在敌人的武器而决定在全国劳苦民众的意志。但凡他们不肯做奴隶，他们是必能把帝国主义强盗踢出去的，不管它的飞机大炮是多么厉害。因此只有组织了自己的力量，才是真正能防卫自己的家的万里长城。”文艺源于生活，诗人田汉的创作深深地植根于义勇军的壮举。

阅读感悟

1933年初，义勇军遭遇严重挫折，但并未停止战斗，而是转入热河前线。李纯华率领义勇军第二军团（主体是辽南义勇军）抵达辽西的朱碌科（今属建平县）。此时，本打算驰援锦州的第二军团骑兵一团因为在朝阳受阻也撤退到朱碌科。1933年2月，聂耳随上海联华影业公司来热河前线慰问，前线摄影队随团拍摄，聂耳得以真切目睹第二军团的骑兵冒着枪林弹雨冲锋陷阵的场面。2月26日，在朱碌科广场，聂耳和慰问团慰问了指战员。骑兵队营长刘凤梧指挥战士们唱起了军歌，军歌迅速感染了聂耳。

“你们唱的啥子歌？”聂耳带着他的方言问道。

“他是谁？”刘凤梧问救国会的联络官高鹏。

“他叫聂耳，是从上海随慰问团来慰问你们的。”高鹏回答。

“我们唱的是《义勇军誓词歌》，不是傻子歌。”刘凤梧半开玩笑回答了年轻人的提问。他还从衣袋里掏出印有义勇军誓词的传单递给聂耳。

聂耳当场朗读出来：

“起来！起来！

不愿当亡国奴的人！

家园毁，山河破碎，民族危亡。

留着头颅何用？拿起刀枪向前冲！

携起手，肩并肩；

豁出命，向前冲！

用我们的身体筑起长城。

前进啊！前进！前进！豁出命来向前冲！

前进啊！前进！向前进！杀！杀！杀！”

大受震撼的聂耳产生了强烈共鸣。他激动地拿出小提琴，拉起了《满江红》的曲调，刘凤梧指挥战士们伴着聂耳的曲调唱了起来。

当时在热河前线流行的响亮口号还有“打日本、杀日本、不当亡国奴！”“起来，不愿做亡国奴的中国人！”聂耳在前线的亲身体验为他的创作储备了丰富的感性认识，后来都融合在《义勇军进行曲》的旋律里。

阅读感悟

《义勇军进行曲》的诞生

1934 年春，上海左翼电通影片公司在中共地下党领导下成立，田汉参与主持剧本创作。电通公司先后拍摄了《桃李劫》《风云儿女》《自由神》《都市风光》4 部影响很大的影片。其中《桃李劫》的主题歌《毕业歌》就是田汉作词、聂耳谱曲。《风云儿女》也是田汉编剧，但他只交出了一个故事梗概和一首主题歌歌词，不久就在 1935 年 2 月 19 日的下午被捕入狱了。这首主题歌的歌词是这样的：

起来，不愿做奴隶的人们！

把我们的血肉筑成我们新的长城。

中华民族到了最危险的时候，

每个人被迫着发出最后的吼声。

我们万众一心，

◎ 电影《风云儿女》宣传广告

冒着敌人的飞机大炮前进，

前进！前进！前进！

◎ 田汉与聂耳

公司为了尽快开拍，决定请孙师毅把田汉的文学剧本改写成电影剧本。在处理主题歌歌词时，他修改了几个字，把原词“冒着敌人的飞机大炮前进！”改成“冒着敌人的炮火前进！”

当时，聂耳得知影片《风云儿女》有主题歌要谱曲，就主动向孙师毅请缨，并表示绝不耽误影片摄制。

拿到歌词，聂耳的创作灵感喷薄而出，朱碌科的记忆鲜活地在脑海中涌现，在心中激荡。他很快就赋予这段歌词以强大的生命力和灵魂。聂耳从节奏和旋律的角度出发，对个别字句又做了调整，比如将开头的“起来”重复置于“我们万众一心”之前，比如结尾以“前进、前进、前进、进”表达排山倒海之势。田汉后来听到此歌，认为聂耳“把短短的几句话处理得非常豪壮明快和坚强有力！”

阅读感悟

然而可惜，这首歌却成为聂耳短暂一生中最后的作品。从日本寄回这支曲谱不久，1935 年 7 月 17 日聂耳在日本千叶海滨游泳时，因心脏病突发溺水而死，年仅 23 岁。

说起这段历史，就不能不提到朱庆澜将军。朱庆澜曾出任东北抗日义勇军总司令，他还率领东北义勇军后援会 5 次奔赴热河前线慰问和视察督战。壮志未酬的老将军还决心以艺术的形式再现义勇军不屈不挠的战斗精神，于是在 1934 年出资赞助电通影业公司拍摄《风云儿女》。《风云儿女》拍摄完成，出现了一个有趣的插曲：田汉最初创作的是一首军队战歌，聂耳从日本寄回来的谱曲叫《进行曲》，两个名称如何统一呢？朱庆澜将军灵机一动，画龙点睛般在“进行曲”前加上“义勇军”三个字，这就是传唱至今的《义勇军进行曲》。《风云儿女》在 1935 年 5 月 24 日首演。此时，田汉还在狱中，距离聂耳逝世仅两个月。

《义勇军进行曲》唱响中国与世界

《义勇军进行曲》一经问世，很快在大江南北、长城内外、城市农村唱响。

1935 年 12 月 9 日，北平爆发了声势浩大的一二·九运动，6000 多名学生举行示威游行，面对国民党军警的皮鞭、木棍、水龙、刺刀，高唱《义勇军进行曲》。上海、南京、杭州、广州、天津、武汉等地广大学生纷纷响应，相继举行示威游行，在呼喊抗战口号的同时，高唱《义勇军进行曲》。

1936 年 10 月 19 日，伟大的文学家、思想家和革命家鲁迅因病逝世。10 月 22 日下午，为鲁迅出殡的时候，上海几万人送行，从殡仪馆到万国公墓十多里路，整个队伍全都步行，一路高唱抗日救亡歌曲，其中唱得最多、最雄壮有力的就是《义勇军进行曲》。

1936 年 12 月 12 日，东北军将领张学良和西北军将领杨虎城发动了震惊中外的西安事变。事变前夕，张学良鼓励东北军将士高唱《义勇军进行曲》。这首歌激励着张学良和东北军，对全国抗战也起到了鼓舞民众的作用。

国际著名记者伊斯雷尔·爱泼斯坦在 1939 年写成的《人民之战》一书里，这样形容《义勇军进行曲》的流行程度：

“东北人民为摆脱日本的枷锁而英勇斗争，在他们那勇敢精

阅读感悟

神鼓舞下，产生了这首激动人心的歌曲，使举国奋起，众志成城……《义勇军进行曲》诞生的历史，就是抵抗日本侵略的浪潮不断高涨的历史。这首歌的曲和词深深扎根于中国人民之中。”

抗日战争时期，不仅中国人民普遍会唱《义勇军进行曲》，世界各国的很多人都会唱这首歌。

有一次，著名教育家陶行知先生从欧洲回国，在埃及古老的金字塔下听到有人唱这首歌。他走进看时，发现唱这首歌的是一群普通的开罗市民。

1940年，著名社会活动家、音乐指挥家刘良模到美国推广《义勇军进行曲》，美国著名黑人歌唱家保罗·罗伯逊很快学会。在刘良模的建议下，保罗·罗伯逊在纽约及美国许多地方用英语和汉语演唱《义勇军进行曲》，效果很

◎ 黑人歌唱家保罗·罗伯逊

轰动。接着他又和华人、华侨合唱团灌制了中国革命歌曲唱片《起来》，宋庆龄亲自为唱片撰写了序言。《义勇军进行曲》传遍美国。保罗·罗伯逊还在欧洲及其他地区高唱《义勇军进行曲》，使这首歌很快享誉世界。苏联、美国、英国、印度等许多国家广播电台经常播放《义勇军进行曲》，使这首歌成为世界反法西斯战争中，代表中国最强音的一首战歌，传唱全球。

世界反法西斯战争即将胜利之际，《义勇军进行曲》被列入庆祝盟军凯旋的曲目中。世界反法西斯战争胜利之日要演奏各战胜国乐曲，美国政府提议以《义勇军进行曲》作为代表中国的乐曲。

《义勇军进行曲》被确定为国歌

1949 年 6 月 16 日，中华人民共和国新政协筹备委员会常委会召开第一次会议，会议决定成立 6 个筹备小组，其中第六小组负责拟定国旗、国歌、国徽、纪年方案。第六小组组长马叙伦，副组长为叶剑英。组员有郭沫若、田汉、沈雁冰、钱三强、陈嘉庚、张澜、廖承志、翦伯赞、徐悲鸿等人。

郭沫若、沈雁冰、郑振铎等人起草“征集国歌词谱”条例，征集启事从 7 月 15 日至 26 日连续在《人民日报》《光明日报》

等大报刊刊登8天，其他海内外报纸也纷纷转载。社会各界积极响应，筹委会收到应征歌词和歌谱694首，然而，并无特别满意之作。

在接下来的研讨中，画家徐悲鸿建议用《义勇军进行曲》作为国歌。

“徐悲鸿先生的这个建议我很赞成。我想起了我在美国时，有一次上街，听见有人用口哨吹《义勇军进行曲》。我回头一看，原来是一位骑自行车的美国孩子。这说明这首歌曲受到很多人喜爱，也受到外国人的喜爱。我看用这支歌代国歌非常好。”建筑学家梁思成积极响应。

“《义勇军进行曲》产生于抗战时期，唤起民众为保卫祖国而神圣战斗。还有，这支歌也可以用来纪念中国新音乐运动的创始人聂耳。此外，这首歌在国际上也有地位。”刘良模也极力支持。

周恩来总理表示，徐悲鸿先生这个建议很好。《义勇军进行曲》这首歌雄壮而豪迈，很有革命气概，而且节奏鲜明，适合演奏，也适合大家演唱。这首歌在抗战中起过巨大的鼓舞作用，尽管现在新中国成立了，但今后还可能有侵略战争。

我们要居安思危，我也认为用这首歌做国歌是合适的。

1949年9月25日，毛泽东、周恩来在中南海丰泽园召开会议，讨论国旗、国歌方案。毛泽东表态说：“大家都认为以《义勇军进行曲》做国歌最好，意见比较一致，我看就这样定下来吧。”

1949年9月27日，全国政协第一届全体会议通过了“中华人民共和国的国歌未正式制定前，以《义勇军进行曲》代国歌”的决议。1949年9月28日《人民日报》发布“以《义勇军进行曲》为国歌”的消息。

◎ 中华人民共和国国歌

1949年10月1日下午3时，在北京天安门广场隆重举行开国大典，毛泽东主席向全世界庄严宣告：“中华人民共和国中央人民政府今天成立了！”接着毛主席按动升旗电钮，伴随五星红旗冉冉上升，《义勇军进行曲》作为国歌第一次在天安门广场隆重响起。

“九君子”揭露日本侵略真相的故事

“九君子”是中国十四年抗战初期辽沈地区进步知识分子群体的杰出代表，也是较早站在国际联合反法西斯斗争前线的青年俊杰。九一八事变发生后，他们有组织、有成效地揭露日本侵略真相，开展国联外交，为中国抗战赢得了有利的国际环境，在中国抗战史和世界反法西斯战争史上谱写了重要篇章。

风华正茂“九君子”

被誉为“九君子”的九位志士包括盛京医科大学教授刘仲明（我国结核病学奠基人）、毕天民（我国公共卫生学奠基人）、于光元（我国皮肤病学科奠基人）、张查理（我国最早实施神经外科手术的专家）和李宝实（我国耳鼻喉科医学先驱者）以及东北著名银行家巩天民，营口银行经理邵信普，社会活动家、教育

巩天民

刘仲明

毕天民

张韵泠

于光元

张查理

李宝实

刘仲宜

邵信普

家张韵泠，沈阳同仁医院创始者、院长刘仲宜。“九君子”活跃在20世纪二三十年代的辽沈大地，皆属各自领域的精英且业绩骄人。

“九君子”虽生逢乱世，但他们在青少年时期普遍接受了良好的教育。巩天民从小“熟读背诵四书五经，学习孔孟之道”，长大后把“正其义不谋其利，明其道不计其功”视为座右铭。刘仲明也在早期教育中就培养起“位卑未敢忘忧国”的责任意识及“和为贵”的思想理念。毕天民最尊奉“三军可以夺帅，匹夫不可夺志”的信念。中国传统文化中“崇正义、尚和合、求大同”的思想在他们身上都有明显的体现。

“九君子”中有6位志士有欧洲留学的经历，这使他们有机会同步站在世界最前沿。九一八事变前，刘仲明曾留学英国和丹麦，毕天民获得英国剑桥公共卫生学和医学博士，于光元、李宝实分别是英国爱丁堡大学医学博士和研究生，张查理、刘仲宜也都留学英国。留学经历使他们既能熟练运用英语，又得以接受近代以来国际社会先进的法理意识和实证思想。这些经历还有利于他

阅读感悟

我在为真理作证，我要对历史负责。

——刘仲明

们构建国际化的“朋友圈”。

长期参加奉天基督教青年会的活动使“九君子”不但具备服务社会的大爱情怀，而且进一步坚定了反帝反封建的使命意识和担当精神。1914 年，美国范比尔登大学教授奥斯卡 · 布朗周游世界后说：“现在地球上有六种力量：英吉利、俄罗斯、日本、中国、美国和基督教青年会。”不仅如此，奉天基督教青年会还是沈阳地区中国共产党组织诞生和早期发展的摇篮。“九君子”是许多进步组织和进步活动的骨干，较早地受到中国共产党反帝反封建思想的引领和激励。巩天民 1925 年入党，是沈阳中共党史上最早的五位共产党员之一。

九一八事变后，“九君子”决定守土抗战，他们每次聚会都要“各饮苦水一杯，以励卧薪尝胆之志，以示待机报国之诚。”

收集日军侵华罪证

国际联盟（简称“国联”）是接受了第一次世界大战的教训而成立的国际组织，宗旨是维护国际和平、促进国际合作。1919 年巴黎和会上，美国总统威尔逊提出成立国联的倡议，后因美国没有如愿，遂拒绝加入国联。所以，国联成立后，实际处于英、法两国操纵之下。国联成立之初有 44 个会员国，后来增加到 63

阅读感悟

个国家，总部设在日内瓦。中国和日本都是国联的会员国。

九一八事变发生时，国联正在日内瓦召集例会。1931 年 9 月 19 日上午，南京政府外交部电令中国驻国联代表施肇基向国联报告，请求国联主持公道。日本代表芳泽极力否认侵略，声称应由当事国直接交涉，国联不宜干涉。中国代表强烈呼吁：“我的国家如同一条沉船，深信可以凭国联条约从暴风雨中驶出。”

国联是没有任何军事机构和武装力量的国际组织，它的主要功能是舆论和道义的导向。国联多次调停无果，1931 年 12 月 10 日，国联理事会派遣调查团实地调查中日冲突的真相。

1932 年 1 月 14 日正式签署了调查团成员任命书。该团由英、法、美、德、意五国各出一名代表组成。中国驻美大使顾维钧、日本驻土耳其大使吉田是该团“襄助”委员。1 月 29 日，调查团在日内瓦举行第一次会议，推举英国代表李顿为团长，因此该团被习惯性称为“李顿调查团”。

1932 年 3 月 14 日，调查团抵达中国，先后

◎ 张学良（左一）与国联调查团在一起

到过上海、南京、武汉等地，再转赴北平，并在天津等地调查，几经辗转后，4 月 21 日到达沈阳。

调查团自从踏上中国领土就收到各种对日本侵略的控诉材料，但李顿遗憾地表示：“这些中国公民热情虽高，却没有提供调查团还不知道的东西！”

李顿又说：“中日争端，中国人固认为十分明确，但我们要以法定手续妥为处置。好比两人相斗，旁观者虽能确认孰是孰非，但法院须要按证据才能判决。国联派调查团来中国，意即在此。”

“九君子”多有欧洲留学背景，深知证据的作用。他们决定不放弃国联调查的时机，为中国争取公道，争取国际支持。“九君子”发动“爱国小组”积极行动。

阅读感悟

“佛也好，道也好，只要爱国就联合起来一起干。”刘仲明说。

“我们一定要抓住这次机会，我们要拿出实证，让世界各国都知道日本违犯的是国际法，我们要让日本成为过街老鼠！”毕天民义愤填膺。

“仲明，我们需要从长计议，此事事关重大！向国联申诉，我们要志在必得！”巩天民说道。

“老友们已去关内，奔走抗日，当此紧要关头，这个揭穿日本侵略及制造伪国罪行的抗日活动，只有由我们来承担。我们分头搜集证据，天民你负责伪省政府和金融口，我负责教育和卫生口。材料最后就汇总到我们学校，因为学校有英国势力保护，行动相对安全。我们几个人白天正常工作，晚上可以加班赶材料。”刘仲明做出总体安排。

材料的搜集相当危险，有些过程惊心动魄。但是，“九君子”早把生死置之度外！

重要证据之一是拿到日军给伪省政府的命令。“九君子”思来想去，决定去做伪省政府管理卷宗人的工作。巩天民冒险与之谈话相求，经过周密安排，该工作人员于一个值班的夜里想方设法支走了监视的日本人，偷偷打开保险柜，拿出了日军给伪省政府的命令。连夜拍照之后，又悄悄放回。

另一份证据是伪沈阳市政府函请商会派人参加庆祝伪满“建国”游行并送赏金千元的信函。巩天民利用自己是沈阳商会负责人的身份夜里潜入商会，偷偷取出，赶晒成蓝图。

日军把持中国财政的布告贴在伪财政厅的门前，每日有日军站岗，很难拿到手。毕天民自告奋勇，他选择阳光最好的一天，早早爬到对面一家商号房顶，静候日光直射财政厅大门。时间长了他双腿发麻，一不小心，蹬掉房上一小块瓦，掉入商号院内。只听有人喊：“房上有小偷！”呼啦啦人拥上来，毕天民隐蔽不敢动。许久不见动静，聚拢的人才散去。阳光终于照过来，但按快门又恐被哨兵听到暴露目标。幸好有一辆汽车通过，毕天民借助汽车发动机声音掩护，按动快门，终于把布告偷拍下来。

为了搜集日军侵略证据，温文尔雅的君子们白天抽空寻找日军标语、告示，记明地点，深夜怀藏热水瓶子前往，把告示润湿下来带走。这样做的目的就是要收集真凭实据，“以子之矛攻子之盾”，让日本无法抵赖自己的侵略行径。

材料越聚越多，他们用了 40 多天进行筛选、整理和编写、翻译，然后仅打印就又用了 8 天，都是在夜间进行。所有证据粘

阅读感悟

贴在一个大相簿内，共 75 个编号，纸质材料和实物证据 300 多份。到 1932 年 1 月底，这份揭露日本侵略中国东北和炮制伪满洲国的罪证材料完全备好。张查理的夫人宫菱波特意为整理好的材料赶做一个蓝缎子外皮，并用红色丝线绣上“TRUTH”真相字样。

◎ TRUTH 布袋

铁证 TRUTH 及其作用

为了便于调查团审阅，“九君子”还准备附件，最主要的附件就是英文说明，与“TRUTH”中的实证一一对应，分类清晰，主题明确，一目了然。

全部证据围绕三个核心问题展开：

第一个核心是揭露日军在9月18日挑起的事变是早有计划的侵略行为，所谓出于自卫，完全是欺世谎言。所用证据主要有：

英国人陶牧师关于他的友人在9月18日晚9点10分乘满洲里直达快车准时到达沈阳南站，途中并未遇到任何阻碍的签字证明；

《满洲日日新闻》9月20日关于日军占领沈阳、营口、公主岭、长春的报道；

日人所办的《盛京时报》刊载的日军占领沈阳辽宁省财政厅及东三省官银号的照片；

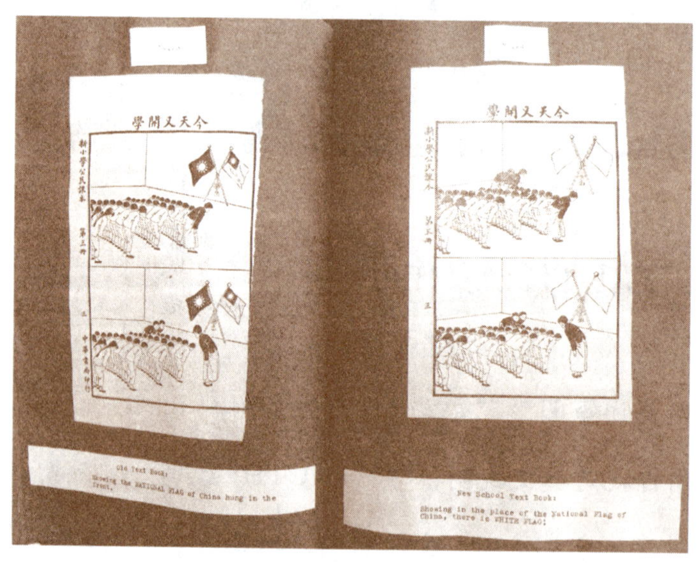

◎ TRUTH 证据图片：九一八事变前师生向中国旗行礼，九一八事变后向白旗行礼

阅读感悟

日本关东军司令本庄繁于九一八事变后公布的安民大告示；等等。

第二个核心是揭露九一八事变之后，日本军在东北三省到处侵犯中国行政主权、残杀中国人民的事实，并非如日本人自我辩解的是帮助中国人维持秩序。所用的主要证据有：

日本关东军特务头子土肥原于事变后四日就任沈阳市市长的布告；

《盛京时报》刊载的日军司令部委派充任东北各项公共事业机关如铁路、邮政、电报、税局、银行以及学校副首长职务的日本人员名单；等等。

第三个核心是揭露伪满洲国是日本关东军一手包办炮制的傀儡政权。这部分证据非常丰富，而且直观生动，能够鲜活地反映出伪政权的性质。比如：

《日本新闻画报》所刊登的"四巨头"建国座谈照片（所谓"四巨头"，即日本关东军司令本庄繁和张景惠、臧式毅、马占山、熙洽四人，本庄繁居座谈会中央）；

日本关东军司令部办事手册（该手册内规定

◎ TRUTH 证据图片：九一八事变第二天关东军在沈阳街头张贴布告

司令部各科的工作职责，内载第三科专管“建国”事宜）；

《盛京时报》所载各地庆祝“建国”游行的照片（有锦州、绥中、营口、公主岭等地，游行群众两旁都有很多荷枪的日本兵随行）；

伪沈阳市政府函谢沈阳市商会派人参加庆祝“建国”游行大会并送千元赏金的谢函蓝印图，即巩天民夜入商会所得的证据。

这是一份实证性、系统性、规范性的原始证据汇编，正是切合李顿调查团的亟需，所以非常珍贵。在英国友人（“沈阳拉贝”倪斐德）的冒死协助下，完成了 TRUTH 的递交，并成为李顿调查团完成《国联调查团报告书》的重要依据，从而成为国际社会首次对九一八事变和“伪满”定性的证据。

《国联调查团报告书》指出九一八事变是“日方有计划的军

阅读感悟

事行动、不能认为合法之自卫手段。”同时指出“满洲国”是日本一手操纵和控制的政权，不是真正的独立运动所产生。“‘满洲国政府’者，在当地中国人心目中直是日人之工具而已。”1933年2月24日，国联特别大会最终以42票赞成、日本1票反对通过了基于报告书的裁决案。国联依据实证和法理对日本侵略予以定性的方式具有历史进步意义。而且，国联仲裁结论的延伸影响更为深远，一定程度上构成了二战后国际秩序的原始基石。

续写铁窗佳话

日本对《国联调查团报告书》强烈不满，退出国联。他们一面积极扩大侵略，一面追查向国联“告状”的中国人。经过回忆甄别，他们发现沈阳英侨曾宴请过代表团，认为其中必有文章，于是按图索骥，展开逮捕。“爱国小组”成员除了张韵泠、曲凌汉外，全遭牢狱之灾。

1935年10月13日凌晨，在奉天商会当过秘书的姚翻译和几个持枪日伪警宪闯进巩天民家进行搜查。当时，写字台上有刚刚收到的《反帝大同盟》材料，巩天民急中生智用胳膊肘拐在地下，再用脚踢到乱纸堆里。他唯恐“爱国小组”的“集资”账本被敌人发现，便假借交代家事，从衣柜里拿出账本，当面对夫人呼泽生说：“以后柴、米、油、盐账，让老大记下去（指大儿子巩国本）！”夫人呼泽生知道家里没有账本，一定是非常重要的东西，赶快接了过来。呼泽生怀抱的五儿正发高烧，哭叫不止，巩天民故意生气地说：“把孩子抱出去！”呼泽生把账本同孩子包在小被里，抱了出去。

◎ TRUTH 证据图片：本庄繁大赦布告

◎ TRUTH 证据图片：日军占领财政厅报道

巩天民被捕后，呼泽生找到了那份巩天民踢进乱纸堆的材料。她怕敌人再来搜查，就把材料和账本藏在煤堆里。天明后，张韵泠赶到巩家，把材料和账本从煤堆里取出，装进提袋，由后门带出，当夜做了处置，保护了一大批爱国人士。

阅读感悟

日伪军警在同仁医院逮捕刘仲宜的时候，从梁上搜出一台油印机，又在写字台里搜出共产党抗日宣传品《反帝大同盟》传单。刘仲宜作为院长当然“罪大恶极”。刘仲宜曾多次掩护和保护共产党进步分子宋黎等人，深知随时可能遇到危险。这样刘仲宜被逮捕的时候，日军对他所加的罪状除了向国联“告密”外，又多了一条“私通共产党”。他在狱中饱受迫害，落下了严重的后遗症。

巩天民被拘留在伪警察厅后，宪兵队队长山本穷凶极恶地称：“你们这些小子，真是罪大恶极，皇军为你们满洲人辛辛苦苦地建立了王道乐土满洲国，你们不但不恭恭敬敬地感谢日本，还向国联调查团告我们，你们这些小子真是死有余辜。”这些爱国志士被押在日本宪兵队或者监狱中，胸前挂着“反满抗日犯”的牌子，受尽疲劳审讯、电波通脑、灌辣椒水、剔刺指甲、滚钉板、卧短凳等名目繁多的法西斯酷刑。

刘仲明被捕前夕，就有人劝他躲躲。刘仲明却说：“作为中国的知识分子，起码应是富贵不能淫，贫贱不能移，威武不能屈。当此重要考验之际，绝不能做逃兵。”一天，刘仲明正在查病房，忽从院办来人说：“院长请您，前边有人等。”刘仲明到院部，看见日本宪兵正同院长谈话。刘仲明随即被带到日本宪兵队，第二天开始“过堂”。不管怎么审讯，刘仲明始终坚持：“是我把日本的官方布告、日本人办的报馆所报道的时事图片作为证据搜集起来，加以整理，译成英文，并想方设法递交给国联调查团的。”他说：“我负一切责任，其他人都是参与者！”宪兵队军官厉声威胁说：“你的明白，你们这些反满抗日分子，罪大恶极，要统统地消灭掉！”刘仲明面不改色，坚定地回答：“我在为真理作证，我要对历史负责，我没有罪！”在黑暗的“鸟笼”中，刘仲明不知晨昏几何。然而，刘仲明心中有大义，坦然面对。他说：“民不畏死，奈何以死惧之！”

毕天民在押期间，同样遭受审讯和毒打，同样大义凛然。一天，主审的日本军官把毕天民让到办公室，一桌酒肉佳肴摆在眼前。毕天民猛然想起，死刑犯临刑前往往都会吃一顿好饭。他意识到自己命将休矣，但身为大丈夫，绝不能向敌人求饶！绝不给中国人丢脸！他含蓄不露，旁若无人地大口喝酒、大块吃肉，弄得杯盘狼藉，残羹满地。日本军官坐在侧旁角落，注视毕天民的一举一动。后来才弄明白，那是日本人给他摆的迷魂阵，意在从精神上、意志上击垮他，迫使他缴械投降。

阅读感悟

历经半年时间，被捕的人被陆续放回。巩天民是在被监禁 49 天后带着“思想犯”的罪名出狱的。这些爱国志士时时把个人生活用品和洗漱用具带在身边，因为他们依然是日伪重点监视的对象，随时可能“二进宫”。此后，他们中大多数人设法入关，转到后方参加抗战。留在沈阳的巩天民和刘仲明相濡以沫，彼此激励，直到生命尽头。

“沈阳拉贝”的故事

1937 年日本侵略者制造的南京大屠杀惨案给中国人民留下了凝固的、血腥的记忆，但中国人民更记住了一个温情而感动的名字“拉贝”。拉贝是一位伟大的国际救助者，来自德国。80 年过去了，拉贝已经成为坚守正义、传递大爱的国际援助符号。1931 年九一八事变发生后，在沈阳同样发生了国际友人对中国抗战生死援助的感人故事。这个故事尽管被尘封已久，但欣喜的是我们终于凭借珍贵史料远隔时空得见被誉为“沈阳拉贝”的倪斐德。他的英文名字是 Frederick William Scott O’Neill（弗雷德里克·威廉姆·斯科特·奥尼尔）。他 1897 年从爱尔兰来到中国，1942 年被迫离开，居住法库 45 年。

◎ “沈阳拉贝”倪斐德

倪斐德给法库也给中国人民留下了丰厚的记忆。

阅读感悟

来中国东北安了家

1870 年，倪斐德出生在爱尔兰东北沿海的贝尔法斯特市。那是全欧洲最繁华的城市之一，这里有"宏伟的公共建筑、出色的教育体系、一流的医院、方便的邮政和电报网、城市轨道交通，还有通往爱尔兰各地的铁路网"。如果你想知道这个城市有多发达，热映一时的电影《泰坦尼克号》倒可以验证！贝尔法斯特有当时世界最著名的造船企业，1911 年著名的泰坦尼克号就诞生于此。贝尔法斯特无疑是"一座具有世界眼光的

◎倪斐德夫人和孩子们

"If I die, I die for a great cause"（如果我死了，我是为了一个伟大的事业而死的）

——倪斐德

城市”。

倪斐德出生在中产家庭，1884 年入读精英级学校贝尔法斯特皇家学院，校园里有板球场、橄榄球场、曲棍球场和游泳池等体育设施，倪斐德出任橄榄球队队长。毕业后他进入贝尔法斯特女王大学学习心理学专业，又继续深造获得硕士学位。之后，他决心成为爱尔兰长老会的牧师。当时的欧洲，教会处于社会中枢地位，牧师也拥有相当高的社会名望。一路走来，顺风顺水，按照今天的话讲，倪斐德就是货真价实的“高富帅”。

当时，外派传教士被视为上帝赋予的使命，爱尔兰长老会也多次外派传教士。鸦片战争后西方列强获得传教权，外国传教士不断踏上中国土地。第二次鸦片战争后，辽宁营口开放通商，传教士开始进入中国东北。倪斐德怀揣崇高信仰，但他反对侵略战争，认为“依靠侵略战争获得的传教权，对于真正的宗教发展来讲，如同一剂慢性毒药”。

尽管要面对太多的困难和风险，倪斐德仍然义无反顾选择了“闯关东”的道路。他 1897 年来到中国，1898 年被任命为法库地区的牧师。法库是沈阳以北 90 公里的小镇，最近的火车站在 48 公里外的铁岭。这里基础设施很落后，没有铺设道路，没有自来水、没有电、没有路灯和电话，没有邮局，生活垃圾和污水处理都用最原始的方式，道路旁常常能看到婴孩的尸体，有时这

阅读感悟

些尸体被野狗撕啃着。这是怎样的环境呢？贫穷、落后、盗匪横行，与贝尔法斯特的文明相比简直天上地下。当时，正是号称"日不落帝国"的英国最强大的时候，作为中产阶层的倪斐德，享有环游世界的便利条件，他可以有很多更好的选择，然而他还是毅然决然地在法库扎根，开启45年沉甸甸的岁月。艰苦的环境中，他的两个幼儿都被传染病夺去了生命。

艰难岁月中与中国人相守

倪斐德熟谙中国文化，博学多才又绅士儒雅。他对生命充满仁爱和关怀，秉承道义，反对强权，逐渐赢得了当地人民的认可。

倪斐德到中国不久便经历了义和团运动和八国联军侵华战争。他对于义和团和八国联军的态度，与许多西方人不同。他说："欧洲国家应该承担责任，为了获得经济特权甚至领土而侵略中国，恶行累累，尤其是德国、俄国、法国、英国这四国。"他主张"教会必须同那些意图从中国攫取特权而激起民愤的欧洲列强们保持距离……”

倪斐德重视发展法库的教育。1902 年他在法库教区创办教会小学，不久教会中学也创建起来。1909 年法库开办女校，使女孩子有机会与男孩子平等接受教育，并改变女子缠足陋习。20 世纪 20 年代，倪斐德“在法库已然成为受社会各界高度尊重的名人，大家都视他为谦逊有礼、平易近人的学者。”他成为百姓口中亲切的“倪牧师”。

◎ 倪斐德在放风筝

1904 年日俄战争爆发后，中国成为最大的受害者，法库也沦为战场。当地乡绅担忧日军和俄军给法库带来大的灾难，期望倪斐德能给当地平民提供更有效的保护。他们相信日军和俄军都会忌惮这位传教士背后强大的大英帝国。倪斐德被推到了管理法库行政事务的位置上，当了两年“地方首长”。中国的地方事务听命于外国传教士，听起来匪夷所思，但倪斐德不负众望，多次将法库从战火和困苦中挽救出来。

传教依然是倪斐德的中心工作。1909 年，法库得以修建能

阅读感悟

够容纳500人的新教堂，该建筑保留至今。这所教堂成为他生命的中心。1918年底法库教区内有1296名教民、18个传教站。教会内部追求民主，许多教会中的骨干都是中国本土的社会精英甚至政治骨干。

在第一次世界大战期间，倪斐德还受中国政府委托于1917年带领中国劳工旅到法国、比利时等国家从事战勤服务，援助协约国对德作战。中国劳工有的在工厂、医院、建房点里工作，也有的被派去清理战场、搜集尸体。中国劳工旅司令部设在距离索姆河战场100公里外的滨海努瓦耶尔，那里建有一所拥有2000张病床的医院，是当时世界上规模最大的医院。弗雷德里克就在这所医院里和中国工人住在一起，主持礼拜、抚慰病患并在劳工去世时主持葬礼。中国劳工为协约国的胜利做出了贡献。中国劳工旅集体获得了“英国战争勋章”，五次获得“军功奖章”，两次获得“皇家人道集体铜制勋章”。倪斐德和另一位传教士威廉·卡金获得了中国政府颁发的文虎勋章。

赢得“沈阳拉贝”的美誉

九一八事变发生时，倪斐德已经在法库生活了35年。他成了中国人民的好朋友，也深深地爱上了这片东方的土地。

1931年底，国际联盟成立调查团，到中国调查九一八事变和伪满洲国真相。为了赢得国际仲裁的胜利，沈阳“九君子”搜集日本大量原始的侵华证据，汇编成册，取名TRUTH（真相）。这份材料非常重要，如果能够交给国联调查团，必将对国联仲裁起到积极作用。但是“九君子”面临的局面是：“纵然个人冒险递交，虽将生死置于度外，但铁证文件一定要被日伪搜去，功败垂成，岂不万分可惜！”

◎ 倪斐德与夫人在法库合影

国联调查团1932年4月21日到达沈阳，入住大和旅馆（今中山广场旁的辽宁宾馆），处于“满铁”和日本关东军的严密监视之中。当时，宾馆里的服务员、宾馆附近的人力车夫甚至附近卖茶蛋的小商贩

阅读感悟

都是特务装扮的，宾馆的卫生间里也都安装了窃听器。

这种情况下，“九君子”成员的好友兼同事盛京施医院院长雍维林诚恳地指点迷津，他从国际法的角度分析说：

“你们交这个材料，必须有一封用真实姓名签名的信，应亲自把材料交到调查团团长手里，团长才能提交给调查团作为正式文件。若只有材料而没有信，那就等于告密，按国际法庭惯例，是不予受理的。可是这次你们处在特殊情况下，无法亲自交到调查团的手里，而你们签字的真伪，他们也无从辨别，那只有由我们代为证明你们交信人的真实性，才算完成法律手续，这一点我们完全可以帮忙。”

“那么，您可不可以帮我们递交呢？”“九君子”之一、时任盛京施医院肺科主任的刘仲明说。

“我不可以！因为调查团的人不认识我，不会认可我的推荐。”

“那就难办了！到哪去找一个李顿能够认识

并认可的人呢？”

“我是想起一个人！他就是法库教区的倪斐德牧师。他为人正义，和李顿又有亲戚，他儿媳的教母恰巧是李顿的夫人。你们如果求到他，他一定会帮忙！”

“太好了！先生您就帮我们联系吧，我们就去拜托他！”

依据雍维林的提议，刘仲明连夜写好了致李顿调查团的信，其中写道：

“我今代表沈阳‘爱国小组’，计有大学教授刘仲明、张查理、毕天民、李宝实、于光元，社会教育家张韵泠，银行家巩天民、邵信普，医学家刘仲宜，共九人，敬托倪斐德博士代交小组亲自预备的证据汇编和事实说明各一件，请接收审阅。希望通过这些材料，对贵团了解中国东北实际情况有所助益。”

雍维林也亲自给倪斐德写了信。“九君子”重要成员、银行家巩天民亲自赴法库拜会倪斐德。倪斐德慷慨允诺，顾不得“当时驻沈阳的英国领事馆建议传教士除非必需不要旅行”的警告，专程到沈阳接收“TRUTH”。刘仲明当面托付，倪斐德激动地说：“If I die, I die for a great cause”（如果我死了，我是为了一个伟大的事业而死的）。倪斐德被委以重托，“九君子”感激不尽。刘仲明握着倪斐德的手，久久不愿松开！

倪斐德非常明白TRUTH的重要意义，为了妥善起见，将

阅读感悟

其保存到沈阳英国领事馆铁柜内。

李顿调查团到达沈阳后就接到倪斐德的亲笔信。信中写道：

我的伯爵：

我冒昧地邀请您费心审议一份关于满洲主题的私人和机密的报告说明书。这份报告说明书是由居住在奉天的一群尽责的中国绅士们起草拟定的。

这份报告说明书伴有一本“图像册”，其中包括已经得出结论的证据文件。因此，虽然其中可能没有什么更新的信息，但是您将欣然理解他们所处环境的危险。为了他们的国家，以相当严谨审慎的态度搜集和注释了这些文件。

…… ……

自从我第一次登上满洲的土地，已经35年了。我的苏格兰和爱尔兰同仁们非常赞赏您们来到远东以来，在最困难和棘手的境况下所采取的姿态。得知我们的国家受国际联盟的委托，所表现的最美好方式，我们感到非常高兴。

19. IV. 32

The Right Honorable
The Earl of Lytton

My Lord

I take the liberty of inviting your kind consideration of a private and confidential statement on the subject of Manchuria, drawn up by a group of responsible Chinese gentlemen resident in Mukden.

The statement is accompanied by an "album" containing documents upon the evidence of which the results have been arrived at. Although in the information herewith conveyed there may be nothing very new you will readily understand the danger surrounding those who, for their country's sake have collected and commented on these documents with considerable care. We are sorry that several pages of the "album" have had to be excised on the advice of foreign friends because of references which might involve consequences too serious to be contemplated.

Should you care to see one or more members of the unofficial group an interview might perhaps be arranged under conditions of sufficient privacy. Possibly the residence of the Reverend W. MacNaughtan of the Church of Scotland Mission West Mukden might be regarded as a suitable place for such an interview.

May I add a personal point or two? My son Denis's wife was Miss Pamela Walter whose grandmother is the Countess of Lytton.

Regarding myself, I live in the country thirty miles westward of Tiehling on the S.M.R. line. If you or any other member of the Commission should care to honour us with a visit we should be delighted.

A long article of mine from a correspondent in Manchuria appeared in "The Times" of March [illegible] dealing with the political situation out here.

To show my relations with the Japanese I may mention that when Fakumen was bombed from the air I wrote on the matter to the Commander-in-Chief of the Japanese Army and received a courteous reply.

It is 35 years since I first landed in Manchuria.

My colleagues, Scottish and Irish, admire very much the attitude you have taken up in your most difficult and delicate position, since coming to the Far East. We are so glad to know that our country is represented in the very finest way on the League of Nations Commission.

I am,
yours faithfully
F. W. S. O'Neill

P.S. My temporary address is —
c/o the Rev. W. MacNaughtan, Mukden West.

◎ 倪斐德写给李顿的信

阅读感悟

致信后，倪斐德再次赶赴沈阳拜会李顿，并在东北盛京神学院的英籍教授谭文纶家进行特别宴请。参加者是雍维林院长、倪斐德博士和谭文纶教授及调查团团长李顿和秘书。尾随日本宪兵众多，声称“保护”调查团，但倪斐德以“房间实在太狭窄拥挤”为由，“成功地阻止了日本人进门”。

一屋子英国绅士谈笑风生，兴致颇高。谈起调查事宜，李顿不免露出失望情绪：

“大和广场上来了几百号人，声称要向我们表达他们拥护满洲国。可是这帮家伙竟是被日本人花钱雇来喊口号的！哎……”

“你们也该换换口味了吧！”倪斐德看看时机已到，见缝插针说。

随即他把刘仲明的亲笔信当面呈交给李顿。他说：“这封信中的九个人都是有卓越见识，有社会地位，被当地群众高度认可的人！他们完成的一份叫作 TRUTH 的材料完全是实证性的，是最能反映九一八事变本质的。如果你们真的想知道日本干了什么，我希望你们去看看

TRUTH。”

李顿一听，立即兴奋起来。他说：“这样的人正是我们期待的！但是我们怎么可以相信他们呢？”

“我们可以为他们作证！”倪斐德、雍维林和谭文纶都表示。这几位英国友人都是有一定影响力的绅士，竟然这样自告奋勇，也让李顿对“九君子”心生敬意。

担保签字当场完成。李顿问道：“那么，TRUTH在哪呢？”

“文件太大，又非常重要，我已经锁在英国领事馆的铁柜内。您去了就可以看到。”

“那好，明天就去领事馆审阅。今天我们继续畅饮！”

铁证材料TRUTH成功递交，英国友人居功至伟。TRUTH为李顿调查团起草《国联调查团报告书》提供了重要佐证。报告书对九一八事变和伪满洲国予以定性，日本的侵略行径曝光于国际社会，谎言彻底被拆穿。这场国联外交中的英国元素不可忽视，倪斐德、雍维林、谭文纶在历史的节点上向中国人民伸出援助之手，使“九君子”发起的国联外交更有力度，更有影响。这是中英两国联合抵制侵略、维护正义与和平的历史篇章，是中英民间人士在反法西斯斗争史上努力合作的一段佳话。

德国拉贝在日本侵略者疯狂肆虐的南京大屠杀中建立“南京安全区”保护和挽救25万中国难民，由此赢得国际社会的广泛

阅读感悟

赞誉。倪斐德、雍维林和谭文纶是针对日本发动九一八事变而在国际上最早帮助中国说“NO”的民间国际友人。他们帮助中国赢得了九一八事变以后国际社会对中国抗战的广泛支持。他们所承担的风险和实现的价值同样不可忽视，而且他们的贡献更早，他们被誉为“沈阳拉贝”。

TRUTH 是“沈阳拉贝”和中国“九君子”为反对战争维护世界和平所贡献的重要文本。作为档案，它在被列入《世界记忆名录》的1919年—1946年国联档案中举足轻重。作为文物，它是最有温度、最为鲜活的遗存；作为艺术品，它饱含着中国传统文化的情结和国际友谊。

无奈中惜别

倪斐德从繁华的大洋彼岸来到荒凉的中国东北小镇，经历了苦难与灾祸，在历次帝国主义侵略中始终和中国人民一道抵御战乱、力保和平，竭力维护当地人民的生命财产安全。太平洋战争爆发后，日本对反法西斯国家的公民普遍敌视，伪满洲国境内的国际友人遭到驱逐。1942 年，倪斐德恋恋不舍地离开了中国。

倪斐德扎根中国 45 年，他不仅发扬了人道主义精神，更具有国际主义情怀。他在法库推广的近代医疗和教育事业，对法库的近代文明起到巨大的推动作用。他赢得了法库人民的尊敬和爱戴。至今，倪斐德所创建的教堂等遗址犹在，已经具有百年以上的历史，成为不可多得的展示中英关系的历史文化纽带。

◎ 倪斐德之孙马克 · 奥尼尔

倪斐德之孙奥尼尔曾四次深入法库寻访与祖父相关的遗址遗迹。他说：

“祖父回到贝尔法斯特已经七十岁高龄了，早已经把法库当作他的家乡。”

“祖父已经习惯讲汉语，可是谁会跟他讲中文呢，除了极少数曾和祖父一样去过满洲的人，他又能跟谁讲起在那里的工作与生活呢？”

奥尼尔的一个表妹在儿时常与他的祖父玩耍。她描述道："当他（倪斐德）生气的时候，常常用我们听不懂的普通话（汉语）斥责我们。"或许，这也是倪斐德缓解"乡愁"的一种途径吧！

奥尼尔还回忆祖父晚年的生活片段，让我们止不住感慨和唏嘘！他说："通常午饭后，祖父都要在卧室里午睡。一天下午，家人到房间里寻找祖父，但是发现床上无人，而且衣柜敞开。这下他们慌了，急忙跑出去寻找祖父，他们沿着街道找去，最终还是找到了祖父。只见他穿着套装，戴着帽子，拎着手提箱，此时的祖父正欲坐公交车赶往火车站，打算乘坐火车回法库去呢！"

东北抗日联军的故事

东北抗日联军（简称“东北抗联”）是继东北义勇军之后东北战场的主要抗战力量，歼灭和牵制了大量日伪军。东北抗联自始至终受中国共产党领导，是中国共产党抗战中流砥柱作用的重要体现。而且，这支建立时间最早、坚持时间最长的成建制、有纲领的具有跨国联合反法西斯特征的部队，在世界战争史上具有独特的地位。

◎ 抗日联军臂章

东北抗联建制成军

1933 年，东北义勇军的斗争在日伪军的残酷围剿下遭遇重

阅读感悟

大挫折，陷入低谷。此时，中国共产党领导的抗日游击队成为东北抗日斗争的主力。1934 年，抗日游击队改编为东北人民革命军。随着战争形势的演变及国际反法西斯联合斗争趋势的需要，1936 年，在东北义勇军、东北人民革命军等基础上改编的“东北抗日联军”成立。2 月 20 日，中共中央发表《东北抗日联军统一军队建制宣言》，将东北抗日武装一律改组建制为“东北抗日联军”。从 1936 年 2 月到 1937 年底，东北抗日联军发展到 11 个军，人数最多时达 4 万人。

東北抗日聯軍統一軍隊建制宣言

全中國同胞們！

全東北一切抗日武裝軍隊同志們！

現在全中國正走向組織國防政府，建立全國抗日聯軍，實行全國總動員，對日宣戰

◎ 东北抗日联军建制宣言

东北人民积极参加抗联，形成了“母亲送儿打日寇，妻子送郎上战场，男女老少齐动员”的场面。1919 年出生的老战士周淑玲，于 1934 年投身抗日斗争，她对抗联有着抹不去的深刻记忆。周淑玲的爷爷周芳路、爸爸周庆发都是抗联情报员。她一家 7 人参加抗联，6 人战死沙场。周淑玲说：“没有不牺牲的，必须要反抗。”当她 95 岁的时候，谈起抗联，仿佛又回到了烽火连天的岁月。她说:“打得艰苦，死了很多人，喝尿……但是得反抗！”抗联将领陈翰章刚刚新婚就投笔从戎，牺牲时年仅 27 岁。抗联将领黄有，曾经是汤原县有名的富户，他把财产全部献给抗日队伍，最后英勇牺牲。

东北抗联有许多英雄团体的佳话传颂至今。“八女投江”的故事发生在 1938 年 10 月 10 日，八位女抗联战士冷云、杨桂珍、

◎ 王盛烈绘《八女投江》图

程中只给战俘极少的食物，一路上日军强索战俘财物，不许战俘再有任何进食，凡是企图找寻饮用水和食物者，即被日军刺刀刺死或开枪打死，最后抵达目标营地时，因饥渴患病及遭日军刺死枪杀者达1.5万人之多。到达营地以后，日军继续虐待战俘，战俘又死去约2.6万人。日军将侥幸存活的战俘分散遣送到日本本土，以及菲律宾、中国台湾、朝鲜半岛和被日军占领的沈阳等地的战俘营。

被运到沈阳的战俘经过33天地狱般的“死亡航程”，途径台湾高雄，到达朝鲜半岛的釜山港，然后从釜山乘火车继续北上，于1942年11月11日到达沈阳战俘营。起初这些战俘被关押在沈阳北大营的地窖子里，房子漏风，采暖不好，当年冬天又极其寒冷，再加上战俘们刚从热带过来，衣着单薄，很不适应，饥寒交迫，疾病折磨，当年冬天死了200多人，大多数是美军战俘。为防止战俘逃跑，也为了缩短战俘服劳役的距离，1943年春天，日军在沈阳市大东区青光街新建了战俘营，这就是日本人称的“奉天俘虏收容所”。

在奉天俘虏收容所的悲惨遭遇

奉天俘虏收容所最多时关押2018名战俘。这些战俘来自美国、英国、澳大利亚、新西兰、新加坡、加拿大、荷兰7个国家，其中准将以上军衔的有76位，后来这些高级将领被日军转移到吉林辽源战俘营分所关押。

日军强迫盟军战俘从事超过身体负荷的劳动，劳动地点主要在当时日本人的满洲工作机械株式会社（中华人民共和国成立后称沈阳中捷友谊厂）。战俘每天劳动强度很大，吃的是带皮的高

◎ 沈阳二战盟军战俘营旧址

阅读感悟

粱米稀饭、土豆稀汤，根本吃不饱，终日饥肠辘辘，营养极其不良。有的战俘为了增加点维生素，偷吃树叶和草。有个战俘偷吃了几片洋葱，被发现后遭到毒打。日本人虐待战俘花样繁多，打骂体罚成了家常便饭。他们强迫战俘用日语报数，还要向日本人鞠躬致敬。违犯规矩就会招来一顿暴打。他们体罚战俘的方法之一是让战俘两腿交叉跪在木头箱上，头上顶着装满水的盆子，规定水不得洒出，如果洒出水，就用枪托或竹剑毒打。

日军惯用饥饿对待战俘。每天只给战俘少许食物，有时候是半碗玉米粥，有时候是几粒发霉的豆子。战俘们因饥饿难耐，对食物的渴望越来越强烈，连做梦和闲聊都是食物，有的竟然真的画饼充饥。为了排解饥饿，他们想尽各种办法寻找食物，有的战俘竟然用绳套猎杀到了野狗，然后偷偷烤着吃。后来他们无意间看见路旁有野狗正在啃吃死人尸体，那情景令他们作呕，从此他们再也不想吃狗肉了。然而。饥饿始终折磨着他们，经常有战俘被饿死。

在战俘营里也有被日本人雇佣的中国工友在

战俘营中干一些采购、运送物品的杂活。中国工友知道这些战俘是为了抵抗日本军国主义而被俘的，是中国人民的朋友，都非常同情他们的遭遇。目睹外国战俘遭受欺凌，中国工友想方设法，甚至冒着生命危险帮助他们。

非常岁月里的非常情谊

中国有句古话叫“患难见真情”，中国工友与盟军战俘在极为艰苦的环境下，结下了真挚、深厚的友情。

有一名叫李立水的中国工友，偷偷扔给美军战俘尼尔两根小黄瓜，使尼尔终生难忘，他们因此结下了终生友谊。李立水1938年跟父亲闯关东来到沈阳，开始在一家日本人开的兵工厂上班。后来他父亲得罪了日本监工，父子二人被迫离开了那家工厂。1942年春天，李立水到满洲的株式会社当学徒。当时在这里一起做工的中国工友有500多人。那年冬天，他看到日本人押着一大批英美盟军战俘到这个厂做苦力。虽然在一个工厂劳动，但日本人勒令中国工人不准与战俘有任何接触。日本人把中国工人和战俘的工作区隔离开，甚至连食堂、厕所都是隔离的。中国工人和战俘由不同的门进入工厂，在不同的车间做工。战俘干活必须穿着日本人为他们特制的军绿色连身袄，而让中国工人

阅读感悟

◎ 李立水扔给美军战俘尼尔两根小黄瓜

穿白色的。为了防止战俘逃跑，在车间两边都设了炮楼，车间之间由高高的围墙通道相连，整个工厂外面还有高高的围墙，上面布设了两道铁丝网和一层电网，战俘想要逃跑几乎是不可能的。

战俘刚到沈阳被关在北大营时，日军白天押着战俘乘坐卡车行驶半小时到工厂做工。中午战俘吃的是“乱炖”，就是把土豆、黄豆、白菜之类的青菜混在一个锅炖，每人用一个茶缸装，战俘们根本吃不饱。李立水看见有的战俘偷偷捡拾掉在地上的花生米吃，有的到吸烟区捡烟头抽。晚上，战俘被押送回北大营。在如此森严的戒备下，那年冬天还是有三个战俘逃了出去，但没跑几天就被抓回来，严刑拷打，最后处死了。

李立水回忆，原本不能接触战俘的他忽然看到在他干活的车床 10 米开外，来了一个身高近 1.9 米的大个子战俘，年龄 30 岁出头，囚服上印着 266 号，是一名钳工。在日本人的严密监视下，李立水不敢和这个战俘有任何方式的沟通，两人只能在见面时，偷偷用眼神和微微点头互相问好。

一天，李立水和另一个学徒趁日本人不注意，从运送蔬菜的马车里偷了几根小黄瓜，这在当时可是稀罕物。他把黄瓜带进车间，被 266 号战俘发现了，只见他双眼直愣愣地盯着黄瓜看，看那样子非常想吃到黄瓜，李立水看出他的心思，便趁日本监工不注意，飞快地把两根黄瓜扔给了 266 号战俘。266 号心领神会，伸手接住黄瓜，立即藏在工作台下面，然后感激地向李立水点了点头，并做了个“ok”的手势。

李立水也没把这件事当回事。日本投降后战俘们获得解放，有一天李立水在沈阳街头又碰到了“266 号”，两人见面非常高兴，“266 号”告诉李立水，他叫尼尔，还送给李立水几块巧克力糖。此后，战俘们陆续都回国了，几十年没有联系。改革开放后，李立水曾向人打听过这些战俘的下落，特别是尼尔怎么样了，但一直没有消息。没想到，在 2003 年，90 岁高龄的尼尔委托一

阅读感悟

名美国作家给李立水写信，信中有一张尼尔的近照。尼尔在信中说："我只是想让你知道我有多么高兴，因为你还记得关于我的事情！听说你现在身体很好，我十分高兴！我做战俘的事情已经过去那么久了，可现在想起来就像发生在昨天一样！我还记得你给我的黄瓜。现在已经有很多人知道我们的故事了。"

◎ 高德纯老人回忆往事

中国工友帮助美军战俘的事例还有很多。例如有一位叫高德纯的中国工友，1943 年 6 月下旬，他冒险为 3 名美军战俘提供了一张地图，这 3 名美军战俘靠着这张地图指引越狱逃跑,但后来还是被日军抓回。日本人对他们严刑拷打，逼问是谁给他们提供的地图，但他们始终没有供出是谁，最后被日军残酷地杀害了。日本人怀疑到了高德纯，把他抓起来投入监狱，戴上 10 多斤重的大脚镣，进行了残酷折磨，最后以"反满抗日"的罪名判他十年徒刑。当时他的儿子还没满月，因无人照顾而夭折了。直到日本投降，高德纯才获得了自由。

◎ 年轻时的葛庆余

还有一位叫葛庆余的中国工友，当时是工厂的保安。每天早晨，日本人对战俘搜身检查后，葛庆余便把战俘从战俘营带往工厂。战俘中有个叫塔沃里的，时常用刚刚学会的几句中国话和葛庆余打招呼，进行简单的交流，一来二去，两个人成了朋友。不久，塔沃里悄悄从车间里偷出轴承交给葛庆余，葛庆余再偷偷拿到外面去卖，然后用卖来的钱买一些吃的东西交给塔沃里。有时葛庆余把鸡蛋偷偷埋在锯末子里，再示意塔沃里到锯末子里去找。

塔沃里始终没有忘记葛庆余的这段恩情。60 年后的 2005 年，塔沃里通过美国驻沈阳总领事馆打听葛庆余的下落，得知葛庆余夫妇已经去世，葛庆余有 5 个子女分别在沈阳、灯塔等地务农。当塔沃里了解到葛庆余次子葛玉明家境困难，有一个女儿在沈阳医学院读书时，当即汇来 1000 美元资助孩子读书。

还有一件特别有意义的事是沈阳等地的老百姓热情帮助美军温莱特将军从吉林辽源战俘营前往沈阳，再飞赴日本东京湾参加对日受降仪式。当时抗日战争刚刚胜利不久，从辽源到沈阳火

阅读感悟

◎ 沈阳百姓帮助盟军铺路过河

车不通，道路崎岖泥泞。据温莱特将军回忆，当天下午，一场大雨使车队陷入泥水之中，寸步难行，当地村庄的中国老百姓得知后都主动前来相助。他们用石头、木材铺路，先把卡车上的行李扛到附近小山上，然后合力把几辆车推到山顶。车队终于可以快速行驶了，温莱特为了感谢这些中国村民，拿出一百美元钞票给他们的领队。这一百美元按当时的兑换比率，几乎可以买下那座小村子了。领队和那些中国村民商量了一下说："我们非常高兴为美国盟友做这件事。"还是坚

◎ 温莱特将军参加日本受降仪式

持把钱退给了温莱特。温莱特非常感动，说："美国总统知道这件事，会像我们现在的感觉一样，真诚地感谢你们！"由于沈阳等地中国民众的帮助，温莱特准时从沈阳乘飞机前往日本横滨，于9月2日登上位于东京湾的美军"密苏里"号战列舰，参加接受日本投降仪式。温莱特和英军将领帕西瓦尔站在麦克阿瑟身后，麦克阿瑟在日本投降书上签字后，将其中一支签字笔送给温莱特作为永久纪念。中国老百姓的无私相助，使温莱特如期出现在"密苏里"号战列舰上。温莱特将军所在的战俘营属于沈阳二战盟军战俘营，从某种意义上说，参加盟军最高统帅部对日本受降仪式的温莱特是从沈阳走出来的。

阅读感悟

2005 年 8 月，美国驻沈阳总领事馆举行了沈阳盟军战俘营解放纪念仪式。为了感谢中国工友对当年美国战俘的帮助，美国政府颁发给李立水、高德纯、葛庆余 3 名中国工友表扬证书。美国驻沈阳总领事康大卫将表扬证书送到李立水手中。证书上写着：“奖给李立水，为表扬他在太

◎ 美国驻沈阳总领馆总领事康大卫向李立水颁发证书

平洋战争期间，对关押在中国沈阳奉天战俘营的美国战俘的协助。美国政府和人民将铭记李立水的人道和勇气，因为只有一个勇敢和真挚的朋友才会冒着生命危险去协助美国战俘。”另外两位勇敢的老人——高德纯、葛庆余已经先后故去，

康大卫将表扬证书颁发给了他们的家人。

在共同抗击日军侵略的斗争中，中国人民与美国人民并肩战斗，沈阳工友李立水等人在那种严酷条件下冒着生命危险帮助美国战俘，体现了中国人民对盟友的大爱之心，他们与战俘结下的深情厚谊成为千古佳话，历史永远不会忘记。

沈阳：盟军战俘魂牵梦萦的地方

沈阳二战盟军战俘营记载着日本军国主义的罪恶，记载着盟军战俘们的噩梦，记载着盟军战俘们的坚韧，也记载着中国工友和英美战俘的患难真情，是那些战俘们魂牵梦萦的地方。1983 年，幸存的沈阳战俘营美国老兵组织了“奉天幸存战俘联谊会”，联谊会陆续组织幸存战俘来沈阳寻访故地。据统计，从 2005 年到

◎ 获救的盟军战俘在沈阳合影

阅读感悟

2010年，有美国老兵及其家属100多人次来沈阳寻找战俘营旧址。2007年5月20日是人数最多的一次，这次有10名美国老战俘，连同他们的亲属共62人结团来到沈阳。这些老战俘平均年龄已经90岁左右了，他们参观了当年的营房，举行了纪念仪式，还向沈阳二战盟军战俘营陈列馆捐赠了实物。李立水老人也参加了这次活动，遗憾的是尼尔没有来，如果他来了，一定会和李立水热烈拥抱，重提他们两根黄瓜和几块巧克力的故事。

结束语

历史已离我们渐行渐远，当年为反法西战争作出重大贡献的盟军将士在遥远的沈阳二战盟军战俘营度过了终生萦绕的3载岁月，200多名盟军战俘长眠于此，这段历史不应被我们遗忘……

今天，我们在这里重现沈阳二战盟军战俘营尘封了半个世纪鲜为人知的历史，就是为了使岁月风干的面孔再度鲜活起来，让当年勇敢坚毅的盟军将士再度跃入我们的视野。

让我们在共同的追忆和缅怀中，牢记历史教训，珍视来之不易的和平生活，共同祈盼人类远离战争，使和平、友谊、进步永远成为人类社会的主旋律！

◎ 沈阳二战盟军战俘营史实展结束语

沈阳审判日本战犯的故事

随着世界反法西斯战争的结束，道义上的审判便拉开序幕。除了东京审判外，在苏联的伯力、菲律宾的马尼拉、缅甸的仰光、越南的西贡、中国的上海等地都设立了军事法庭，对日本战犯进

◎ 沈阳审判日本战犯法庭旧址陈列馆

◎ 沈阳审判日本战犯的庭审全景

行审判。1956年的沈阳特别军事法庭的审判具有划时代意义，从法理上宣告了反法西斯战争的彻底终结，为中国抗战画上了最终的句号。

绥芬河引渡

1945年5月德国投降，苏德在欧洲战场的角逐宣告终结，大批苏联红军向远东地区集结。8月8日苏联向日本宣战，8月9日150万苏联红军跨越国境，从三个方向同时向关东军发起攻击，中国下达“对日寇最后一战”的军令，美国也适时向日本本土投下两颗原子弹。8月15日，走投无路的日本政府宣布无条件投降。

苏联红军击毙日军8万余人，俘获包括伪满洲国皇帝溥仪在内的伪满洲国的警察、宪兵及日军官兵共计约60万人，悉数押往西伯利亚强制进行重体力劳动。恶劣的条件下，第一个冬天大约就死亡55000人。到1950年，除了死亡和被遣送回国之外，留下的都是被苏联认定的罪行严重者。

1949年12月6日，一列装满了大葱、萝卜等农产品的火车，轰隆隆驶出北京城。这是毛泽东主席首次踏出国门，他带着刚刚诞生的中华人民共和国能够给予一个工业大国的见面礼前往莫斯科。1950年2月14日，《中苏友好同盟互助条约》签订。同时，引渡日本战犯一事提上日程，苏联要求把战犯移交中国政府，中国同意接收。

7月中旬，东北外事局、东北公安部和抚顺战犯管理所的工作人员以及两个连的解放军战士，赶赴中苏边境绥芬河待命。与此同时，苏联境内哈巴罗夫斯克的囚车也已经启动。战犯不知道将要去向何方，一切都在严格保密状态下进行。7月18日傍晚，押送战犯的苏联列车停在了中苏边境绥芬河车站，19日清晨移交正式开始。

苏联火车是宽轨火车，我国火车是窄轨火车，交接战俘的火车相距300米，战犯要一个一个引渡到中国列车上。警卫战士在铁轨两旁，面向外进行警戒。被引渡的969人中，有几个是罪大恶极让人提起名字就咬牙切齿的战犯。最臭名昭著的就是武部六藏，他曾是伪满洲国的总务厅长官，关东军受他辖制，溥仪受他要挟，为害甚巨。他的助手古海忠之，担任伪满洲国总务厅次长，是文职战犯中职务最高的一个。他们的罪行血迹斑斑，怎样处置都难解中国人的心头之恨。

在抚顺战犯管理所改造

中国政府已经进行了高瞻远瞩的思考和谋划，中国将以一种全新的模式处理罪大恶极的战犯。

中国列车上食物丰富，工作人员态度和蔼。战犯本来是满腹的愤恨和埋怨，他们不相信中国会给他们任何好“颜色”，万万想不到竟然在列车上就吃到了米饭和鸡蛋，有的战犯开始兴奋，说在苏联关押5年都没吃到大米饭了！

三天后，引渡列车停在终点站抚顺。抚顺是有名的煤城，伪满时期，这里设有日本的“模范监狱”，监狱曾关押过许多中国革命志士。此刻发生戏剧性的变化，当年抚顺监狱的典狱长大村忍，恰恰就在这次引渡的战犯之中。战犯们走进了自己建造的监狱，曾经不可一世的侵略者现在成了阶下囚。

管理所的工作人员，无一不对日本侵略者怀有满腔怒恨。所长孙明斋曾目睹家里房屋被日军烧毁，父亲和舅舅惨遭杀害。副所长曲初右腿的残疾正是日军“扫荡”所造成的。但是，“个人仇恨代替不了党的政策”，管教们知道党和新中国交给他们的任务就是对这些罪大恶极的战犯进行改造，将他们“由鬼变成人”。因此，他们对日本战犯以诚相待，热诚地投入到感化日军战犯的工作中。

但是日本战犯们却被暴躁和绝望的情绪袭击。在他们眼中，锅炉房成了焚尸房，医务所成了细菌实验室。中将师团长铃木启久生病时，疑心病号饭是杀头前的“送命宴”，他盯着碗里的鱼，抹着眼泪哀叹：“败战之将不如兵，盘中之鱼随便夹。”

中国政府从长远计，确定改造战犯的基本原则是“惩罪不惩人”。以教育改造为主要方式，以宽大处理为基本特征。贯彻人道主义理念，引导战犯坦白、认罪。由此，中国政府制定许多善待战犯的政策。

然而，禀承武士道精神的战犯还是用各种形式进行对抗：他们故意多打饭菜倒进厕所，却把所谓粗劣的饭食保留下来，说

阅读感悟

是要向联合国控告中国虐待战俘；管理所广播时事，他们用棉花团堵上耳朵拒绝收听，发给他们的报纸拒绝阅读；他们照例向日本皇宫“遥拜”，吃饭前还要为天皇祈祷。很多战犯是藤田茂的部下，藤田茂时不时就恶狠狠地叫嚷：“我和我的部下不是战犯，而是战俘，关押我们是违反国际法的！”

有天早上，曾任日军特务科长的岛村三郎扶着走廊铁栏杆唱道：“南海连接着自由的天空……”

看守长詹华忠走过来说：“大清早你这是干什么？大家现在正在学习。”

岛村三岛顶撞道：“今天是星期日，为什么不能唱歌？”

詹华忠驳斥道：“你这样会妨碍大家学习！你为什么不学习？”“你这个蠢货！”岛村三郎骂了一句，便跑到监房角上的厕所里解开裤子蹲了下来，口里还在不住地叫嚷：“人家蹲厕所，你跟着叫唤什么？这就是共产党的礼节吗？”

詹华忠气得脸色发紫。他一把从匣子里拔出

手枪，却又跺着脚、咬着牙放了回去……

詹华忠的情绪是一种普遍现象，所长孙明斋深深体会。医务人员认为自己是在“给恶狼治伤”。炊事员认为自己“整天给仇敌做饭，难道我比他们的罪还大？”情绪上来了，米不淘净，菜不洗净，做好了用脚往监房门口一推，说：“槽里有草饿不死驴，爱吃不吃。”

孙明斋和副所长曲初既要做战犯的工作，还要做自己的工作人员的工作。他说：“我们是共产党人，我们要有足够的力量把恶人改造成新人。”“周总理说了，过 20 年后再回过头来看我们做的工作，就会更清楚地看到其中的意义和价值。我相信总理比我们站得高，看得远。所以，今天我们要克制住自己的感情，甚至是牺牲一些自己的感情。这样做就如同跟日本鬼子拼刺刀，谁如果怕小鬼子，谁可以打报告调工作。”

在耐心的说服教育后，大家意识到：改造战犯也是一场旷日持久的斗争！这是从战场上的厮杀转入心灵上的对决，任务更艰巨。从精神上消灭日本法西斯，真正是中国政府的长远之见。

富永正三在抚顺战犯管理所服刑 6 年后写道：“经过 6 年的学习，尽管我们从一开始抱着‘要杀就杀’的破罐子破摔的反抗态度，但是中国人民即使本人就是被害者，或者亲人和朋友是被害者，却都能强抑个人的憎恶感情，遵从高度的人道主义精神，

阅读感悟

执行中国政府‘憎恶不憎人’的方针，给予我们温和的人道的待遇。正是那样宽大的态度打开了我们闭锁敌对的心，使我们回归到人类本来的心理和感情。”

1953年冬，最高人民检察院根据中共中央指示确定对日本战犯进行罪行调查取证。1955年9月，中国政府和司法机构开始起草起诉书。1956年4月25日，全国人大常委会决定在沈阳和太原分别设立最高人民法院特别军事法庭，实施对日本战犯的最后审判。贾潜被任命为最高人民法院特别军事审判庭庭长，确定了“惩办极少数，宽大大多数”的审判原则和“一个不杀，不判无期徒刑”为定罪量刑尺度。

在沈阳特别军事法庭审判

1956年6月到8月间，中国最高人民法院特别军事法庭分3次对1017名日本战犯宣布免于起诉、立即释放。剩下的45名职位较高、罪行较大的战犯由最高人民检察院以战争罪、违反国际法和人道主义原则罪等提起公诉，由最高人民法院特别军事法庭进行审判。因为日本首先在沈阳制造九一八事变，发动了侵华战争，所以中央指示把最终审判地点迁往沈阳。

第一次沈阳审判在 1956 年 6 月 9 日至 19 日进行。受审的 8 名战犯是前日本陆军中将师团长铃木启久、藤田茂、佐佐真之助，少将旅团长上坂胜、长岛勤，大佐联队长船木健次郎，少佐支队长神原秀夫，中尉情报主任鹈野晋太郎，其中 6 人为高级军官。铃木启久第一个走上被告席。他是所有战犯中罪行最重的一人，曾指挥部下在河北省滦南县潘家戴庄、遵化县鲁家峪、河南省长垣县小渠村制造了 6 起大屠杀惨案。在潘家戴惨案中，中国村民 1280 人被杀，其中 63 名孕妇，19 名还在吃奶的婴儿，他对中国

◎ 日军战犯庭审现场

◎ 战犯鹈野晋太郎跪地认罪忏悔

人民犯下的罪行罄竹难书。惨案的幸存者出庭作证，铃木启久当庭跪地认罪。8 名战犯分别被判处十三年至二十年的有期徒刑。

第二次沈阳审判在 1956 年 7 月 1 日至 20 日进行，起诉和审判伪满洲国战犯共 28 名。伪满洲国总务厅长官武部六藏曾主持颁布并实施“思想矫正法”“粮食管理法”“国兵法”等反动法令 20 多项，对东北人民进行血腥的法西斯统治。伪满洲国锦州司法矫正总局局长中井久二制定“保安矫正法”，建立了 14 所“矫正辅导院”和 130 所监狱，抓捕、关押中国抗日军民 20 余万人，屠杀和迫害致死者 7 万余人，手上沾满了

◎ 沈阳审判的日本战犯

中国人民的鲜血，欠下了数不尽的血债。28名日本战犯分别被判处有期徒刑十二年至二十年。

战犯岛村三郎回忆说：“当我出现在法庭一角的时候，仿佛旁听席上的几千只眼睛一下子都盯向我的身上，我简直连睁眼的勇气也没有了。那些仇恨、愤怒的目光，刺透了我惊悸的心。此时此刻，我完完全全认识了自己的罪恶面目，我承认自己在中国所干的都是坏事。在这种目光的包围中，我深深感到我真没有资格再活在人间。”他说：“因为自己孩子的死，我有流不尽的眼泪，而当年我残杀了那么多善良人们的儿女，却从未流过一滴眼泪。我痛恨自己是一个已经没有资格活在人世的鬼子。我深感自己是个死有余辜的战争罪犯，我请求判处死刑。”当他得知法庭判处十五年有期徒刑后，他在法庭上磕头不已。他说：“我的第二次生命是中国人民给予的，绝不能做其他解释。这完全是发自肺腑的毫无虚假成分的真挚感情。”

战犯古海忠之以沉甸甸的语调交待自己在伪满洲国10年之中的罪行，他交待了约一个小时。最后他说道：“过去，我认为使中国人民遭受种种苦难、悲惨和不幸，是为了日本的利益，也是为了自己光宗耀祖。我现在认识到，我简直是人面兽性的魔鬼，是一个失去人性的不知羞耻的魔鬼。我向中国人民衷心地谢罪，心甘情愿地接受中国人民所给予的任何判决。”对于十八年有期徒刑的判决结果，古海忠之说：“我真不知道我应该向受害的中国人民说什么好，我只有由衷地表示感激和致谢。”

1956年7月8日下午，在沈阳中国医科大学第一附属医院的一间病房里有一场特殊的审判，日本战犯武部六藏因病正躺在病床上接受讯问。看着这个为自己特设的法庭，想起在抚顺战犯管理所就开始受到的种种关怀，武部六藏感激

◎ 沈阳特别军事法庭对战犯武部六藏在医院病房的审判

涕零。他说：“中国政府对我的照顾，是不能用笔墨和语言表达的。”这位曾经叫嚣自己“不但无罪，反而有功”的战争狂人对自己的罪行供认不讳。最后当书记员把法庭笔录递到他病床前，武部六藏真诚地认罪：“我应当判处死刑，至少也得判无期徒刑。”后来，武部六藏接到准予他假释的裁定书后热泪盈眶，双手掩面而泣。

1956 年在太原，还进行了两次审判。第一次在 1956 年 6 月 10 日至 11 日进行，起诉和审判了日本战犯和特务间谍富永顺太郎，他被判处有期徒刑二十年。第二次太原审判在 1956 年 6 月 12 日至 20 日进行，起诉和审判了城野宏、相乐圭二、菊地修一、永富博之、大野泰治、笠实、神野久吉、住冈义一 8 名前日本军政人员，分别被判处有期徒刑八年至十八年。

这样，中华人民共和国在中国共产党领导下对日本战犯的

阅读感悟

审判胜利收官。那些被关押的日本战犯或是服满刑期，或是得到减刑，先后释放回国。1964年3月6日，最后3名日本战犯斋藤美夫、城野宏、富永顺太郎被释放回国。就这样，日本侵华战争14年，中国把战犯从魔鬼改造成人也用了14年！

有一名采访了审判全过程的西方记者感慨写道：“这真是世界法律史上的奇迹，堪称国际审判史上罕见的现象。法官与被告、证人与战犯之间，立场绝不相同，但在中国沈阳的庄严法庭上，却能奇迹般的合作，不约而同地揭露和控诉日本帝国主义的种种罪行。这不能不说明战犯有了脱胎换骨的变化，雄辩地证明新中国的战犯改造工程取得了巨大的胜利。”

沈阳审判的意义

沈阳审判为日本发动侵略战争提供了永久的法理证据。审判中，被害人出庭作证，被告人供认不讳，并当庭谢罪。审判铁证如山，历史不容篡改。这是驳斥日本右翼势力否认侵略战争的有

◎ 参加沈阳审判的工作人员在沈阳特别军事法庭前合影

力证据，无论什么时间什么人想翻案都不可能。

中国人民以德报怨的博大胸襟对发展中日关系起到了良好的推动作用。中国政府对日本战犯本着道德感化和教育的精神宽大处理，战犯真心悔过。他们回国后成立了“中国归还者联络会”，推动中日友好，他们从刽子手转变为和平使者。

人民日報

帮助小商贩克服困难

我国最高人民法院特别军事法庭

审判二十八名日本战争犯罪分子

第二批罪行較輕的328名日本战争犯罪分子得到寬釋

沈阳审判是近代以来中

阅读感悟

国人民反侵略战争的最重要成果。鸦片战争以来中国遭受西方列强十几次侵略，中国抗日战争是近代以来唯一完胜的反侵略战争，沈阳审判是长中国人志气的审判，是让中国人民最扬眉吐气的审判，具有划时代的伟大意义。

这也是二战以来所有审判中最成功的审判。战犯没有一个不认罪，国际社会给予了高度好评。东京审判中，东条英机已经上了绞刑架上还在申辩：我只对战败负责，我不对战争负责。沈

阳审判中，岛村三郎在法庭上长跪不起，他说，杀我一万遍也不多！沈阳审判从法理上宣告了二战的终结，为九一八事变画上了休止符。

沈阳审判是处理战后遗留问题最后也是最圆满的环节，树立了世界人民处理战后遗留问题的新典范。战争的胜利不仅仅包含战场的凯旋，还包括更深层次的道义上和法理上的征服。第一次世界大战后，西方列强忙于分割土地、索取赔款，却没有对战争发动者予以思想改造，没有在杜绝战争根源上做深入的工作，所以法西斯势力很快抬头，并引发第二次世界大战。世界反法西斯战争胜利后，从战场到法庭，战胜国对战犯的处理是多层次的，更彻底更深入。从思想根源上消除战争意识是谋求人类和平的根本保证，沈阳审判具有里程碑的意义。

结束语
Conclusion

历史如此巧合：1931 年 9 月 18 日，日本关东军在沈阳悍然发动九一八事变，拉开了大规模武装侵略中国的序幕；25 年之后，最后一批战犯在沈阳被押上了正义的审判台。沈阳审判，是国际社会审判日本战犯的延续，也是新中国审判日本战犯的重要组成部分；是中国人民对抗日战争胜利的一个重要总结，更是中华民族重新崛起的一个显著标志。在沈阳审判中，受审的 36 名日本战犯全部认罪服法，创造了国际战犯审判的奇迹！

21 世纪的今天，和平与发展成为世界的主流，但战争的危险却依然存在。日本军国主义阴魂不散，右翼活动接连不断。警惕与抵制日本军国主义复活，是中日两国人民和世界人民的共同责任。

愿中日世代友好，祝世界永远和平！

“九一八”撞钟鸣警的故事

九一八事变是中国人民永久的伤痛，也是中华民族“凤凰涅槃、浴火重生”的新起点。如今，“九一八”已经成为一个历史文化符号，它不仅是战争的代名词，更是和平的警世钟。“九一八”撞钟鸣警仪式持续了20余年，已经成为文化品牌，它以一种庄严的形式警示炎黄子孙要“勿忘国耻，振兴中华”。

◎ 沈阳“九一八”历史博物馆

国难与国耻

九一八事变给中国造成的灾难史无前例。阎宝航形容九一八事变“为祸之惨，旷古未有”。中国人民从那个时候唱起了《松花江上》的悲凉之歌：

我的家在东北松花江上，
那里有森林煤矿，
还有那满山遍野的大豆高粱。
我的家在东北松花江上，
那里有我的同胞，
还有那衰老的爹娘。
九一八，九一八，
从那个悲惨的时候，
脱离了我的家乡，
抛弃那无尽的宝藏，
流浪！流浪！
整日价在关内，流浪！
哪年，哪月，
才能够回到我那可爱的故乡？

阅读感悟

哪年，哪月，

才能够收回那无尽的宝藏？

爹娘啊，爹娘啊。

什么时候，

才能欢聚一堂？

九一八事变后，日本关东军在中国大地上犯下的罪行罄竹难书。七宗大罪分别是：血腥大屠杀、疯狂经济掠夺、残酷殖民统治、奴化教育、细菌实验、强征慰安妇、种植和制造毒品。每一宗罪行都饱含着中国人民的血泪。南京大屠杀中

◎ 日军设立于南满铁路柳条湖附近的九一八事变纪念碑（炸弹碑）

30 万中国无辜平民遇难；被细菌部队作为“活体实验”惨遭杀害的有 1.2 万人；20 万以上中国妇女被迫充当日军性奴隶。

九一八事变的爆发暴露了中国社会许多弊端，民族尊严遭到严重挑战，国家蒙羞。爱国者深切地感受到比“国难”更痛的是“国耻”。九一八事变之夜，日军疯狂侵略，中国却以政府的名义宣布“不抵抗”，致使多少中国军人空怀报国豪情却束手待毙。更可悲的是，进犯之敌竟然是人口仅相当于中国 1/7、国土仅相当于中国 1/30 的弹丸小国。日军利用早已占据的“满铁附属地”，以 1∶20 的悬殊兵力从中国腹地发起进攻，一夜占领沈阳、一天之内占领南满铁路沿线 18 个城市，一个星期侵占辽吉两省；4 个月 18 天，东北全部沦陷。这是怎样的速度？！关东军司令本庄繁在日记中记载：“关东军从 18 日夜晚起，是疾风迅雷的，其行动整齐神速得就像几天前的检阅演习一样！”驻北平日本特务机关长松宗孝良在秘密报告中说：“倘彼时中国官民能一致合心而抵抗，则帝国之在满努力，行将陷于重围。”日军的进攻像演习一样，偌大的中国丧城失地像拱手相送一样，这是战争史上的荒唐一幕。

陈觉在 1932 年编著的《国难痛史》中最早把“九一八”作为“国难”进行研究，“国难”的定位基本确立。此后，以“国难”为主题的纪念活动持续在整个抗战时期遍及全国，声势浩大。

关于"国耻"的认识是在"国难"感性认识基础上痛定思痛后的理性定位，是立足文化层面的深度概括。1932年9月18日，《世界日报》发表社评指出："夫九一八事变，吾国之奇耻大辱。"随后，对于"国耻"的认识不断深化。

多年以来，铭记国难、勿忘国耻的各种活动除了"文化大革命"期间有所中断以外，一直都在持续。

从某种意义上讲，9月18日还可以视为世界性的战争警示日，这是一个值得全世界记忆并警钟长鸣的日子。九一八事变表面看似局部地区性冲突，本质上是国际性事件，是20世纪最重大的国际性事件之一，导致国际关系格局发生巨大变动，引发人类历史上空前的浩劫。从1931年局部战争开始到1945年二战全面胜利，共有84个国家约20亿人被卷入战争，军队和民众死伤总数1.05亿余人，财产损失达4万亿美元。仅日本军国主义铁蹄殃及的国家地区就多达20余个，包括中国、英国、法国、美国、加拿大、澳大利亚、荷兰、新西兰、苏联、东南亚的新加坡、马来西亚、菲律宾、印度尼西亚、缅甸、越南，另外还有朝鲜、印度，中国的香港、台湾等地区。1940年9月18日“新华日报”发表社论称：“铁一般的事实，不是证明得清清楚楚的吗？日本强盗不但是中华民族的敌人，而且是英美和东亚各民族的敌人。”因此，“九一八”这个符号不仅属于中国，而且属于世界。关于“九一八”的警示活动理应走出国门，走向世界。

残历碑的由来

在“九一八”历史博物馆的广场上，巍然矗立着一座弹痕累累的石碑，因其造型酷似一本巨大残缺的台历，因而命名为残历碑。它不仅是“九一八”历史博物馆的标志性建筑，也是沈阳历史文化名城的代表性建筑。

1983年9月，辽宁省城市雕塑规划领导小组将九一八事变纪念碑的设计确定为省级纪念性雕塑重点规划项目，开始征集设计方案。鲁迅美术学院著名雕塑家贺中令教授贡献了创作灵感，他将1931年9月18日台历历面投影到木化石上，用建筑形式塑成60厘米高残历碑的模型。1984年，九一八残历碑设计方案入选全国第一届城市雕塑方案展，受到好评。

1990年末，沈阳市人民政府决定出资100万元，在九一八

阅读感悟

事变遗址处建造一个既能概括国耻又能表现抗争并内设小型陈列室的纪念建筑物。残历碑设计方案脱颖而出。1991 年 9 月 18 日即九一八事变爆发 60 周年纪念日，残历碑落成仪式在九一八历史博物馆隆重举行。残历碑台历左侧为著名书法家杨仁恺写的碑文：“夜十时许，日军自爆南满铁路柳条湖路段，反诬中国军队所为，遂攻占北大营，我东北军将士在不抵抗命令下忍痛撤退，国难降临，人民奋起抗争。”右侧镌刻着“1931 年，9 月小，18 日，星期五，农历辛未年，八月初七，十三秋分。”这个日历是不全的，上面密布千疮百孔的累累弹痕，穿越时空，震撼着人们的心灵，提醒着人们不能忘却的 1931 年 9 月 18 日开始降临的国难与国耻。

如今，残历碑不仅成为九一八历史博物馆的标志，也成为全国人民牢记“九一八”国难与国耻的标志性建筑物。每年 9 月 18 日，残历碑前都会举行撞钟鸣警仪式，“勿忘国耻，振兴中华”的嘹亮声音气势磅礴，感染着每一个有良知的中国人。

◎ 矗立于沈阳“九一八”历史博物馆的残历碑

“九一八”鸣警活动

“九一八”鸣警活动始于 1995 年。

沈阳一位普通的退休工人郝松青向沈阳市政府有关部门提议：在九一八事变爆发日，全市鸣响警报三分钟，以警示后人勿忘九一八事变带来的国难与国耻。该建议得到市委、市政府高度重视。不到 10 天时间，沈阳市委、市政府就做出决定，每年 9 月 18 日在全市鸣响防空警报。

从此，在每年的 9 月 18 日晚 10 时 20 分，全市的防空警报都准时鸣响3分钟。随着警报拉响，沈阳人民勿忘“九一八”的相关行动得到越来越多的关注，也得到各级政府的重视。

2014年9月19日，郝松青在接受《光明日报》记者采访时回忆说：“我在沈阳生活了一辈子，当了十多年亡国奴，知道啥叫屈辱的滋味。”因此，当警报响起警示后人的时候，郝松青，一个普通的中国人，内心涌起的是欣慰之情。

鸣警仪式开始后，与“九一八”相关的其他标志也逐渐得到各界重视。1996年9月18日前夕，“望花桥”立碑更名为“柳条湖桥”。将一座现代化交通设施与一个震惊中外的历史事件紧密联系起来，这一举措源于李欣、郎明、丁帆、丁洪等老干部、老战士以普通人大代表身份提交的一份提案。他们建议通过更名立碑，把曾发生在这里的“柳条湖事件”真相揭示出来，教育后人。这项提案在沈阳市十一届人大四次会议上通过，后经有关部门认真策划和精心施工，终于在1996年9月17日举行了更名立碑揭幕仪式。

1999年9月18日，在社会各界支持下，经过两年扩建完成的“九一八”历史博物馆再次举行了盛大的开馆典礼。从这年开始，鸣警活动中又增加撞响警世钟环节。当晚，抗联老战士蒋泽民，九一八事变见证人姜树德，教师代表葛朝鼎，优秀学生代表苏楠、陈新，共同撞响了警世钟。警世钟敲响十四下，寓意着东北人民十四年艰苦卓绝的抗战历程。

伴随着十四响凝重的撞钟声和刺耳的警报声，大街上所有正在行驶的机动车辆都会停下来鸣响汽笛。沈阳城沉浸在肃穆的氛围中，每一个人在那一刻百感交集。那庄严的誓词和回旋的警报声总能把人们拉回到记忆深处，提醒着人们勿忘国难与国耻，更提醒着我们“振兴中华，人人有责”。

撞钟鸣警规格不断提高

1995 年 9 月 18 日开始鸣警活动，1999 年 9 月 18 日改为撞钟鸣警仪式。20 年来，群众支持度逐年上升，撞钟鸣警活动影响日益扩大，得到越来越多城市的响应。数据显示，2014 年全国已经有 200 余座城市都会在 9 月 18 日组织相似的纪念活动。鸣警撞钟已经成为人民群众和许多地方政府自发的警示纪念活动，沈阳“九一八”历史博物馆的撞钟鸣警活动是龙头，已经成为省内外知名的文化品牌。

阅读感悟

中国政府对“九一八”撞钟鸣警活动重视程度也不断加强，这使得鸣警撞钟活动的规格逐步提高：

2009年，国务委员孟建柱对鸣警撞钟仪式做出批示，强调要重视鸣警撞钟活动的重大意义。

2011年，按照时任中央政治局常委的李长春同志关于搞好九一八事变八十周年纪念活动的批示，东北三省联合主办了鸣警撞钟纪念活动。至此，九一八历史博物馆的撞钟鸣警活动由沈阳市主办升格为东三省联合主办，中宣部、中国人民解放军总政治部相关领导参加仪式。

2014年9月18日，撞钟鸣警活动得到国家空前关注，刘云山、刘奇葆和汪洋等国家领导人出席鸣警撞钟仪式并参观了“九一八”历史博物馆。9月19日新华社以“中国高规格举行‘九一八’撞钟鸣警仪式”为题进行报道：勿忘“九一八”鸣警撞钟仪式18日上午在沈阳举行。中共中央政治局常委、中央书记处书记刘云山在仪式上讲话。随着14声警世钟鸣响，9时18分，沈阳等地拉响防空警报，火车、轮船汽笛齐鸣，警示世人勿忘国耻、圆梦中华。

2015 年 9 月 18 日撞钟鸣警仪式上，辽宁、吉林、黑龙江三省领导同时出席，辽宁电视台新闻中心同步推出大型直播活动《正义的胜利》。

2016 年，刘延东副总理出席鸣警撞钟仪式，并表示“九一八”撞钟鸣警从此将作为国家级活动仪式。如此，“九一八”撞钟鸣警仪式成为全国性的历史文化符号，“勿忘国耻、振兴中华”是

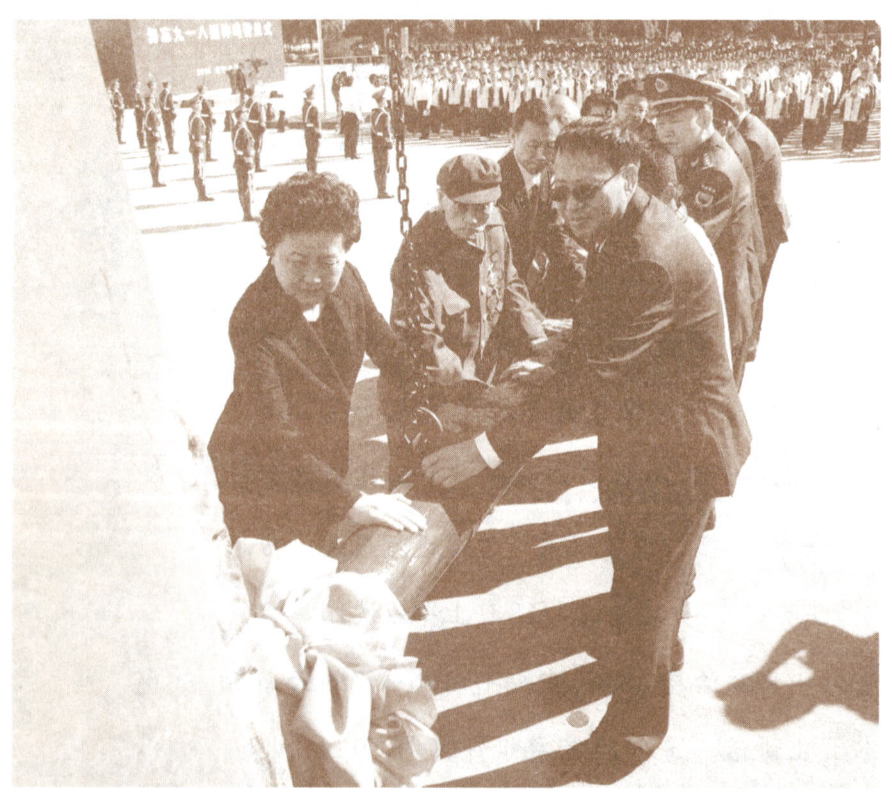

◎ 2016 年 9 月 18 日，国务院副总理刘延东参加沈阳的鸣警撞钟仪式

它的核心内涵。

九一八撞钟鸣警的意义已经超越国界。尽管日本在反思战争方面做得很让世界失望，然而却也不乏有良知的日本人站出来说出公道话，鸣警撞钟仪式在一定程度上已经成为维系中日爱好和平的人民的友好纽带。2006年，曾关押在抚顺战犯管理所的日本战犯85岁的藤原助男来到“九一八”历史博物馆参观访问，参加鸣警撞钟仪式。当警报声响起的时候，老人肃穆地面对残历碑，将头低下，双腿并立，双目紧闭，在三分钟的警报声中一动不动。站在他后面的10位日本友人也表情庄重，低头谢罪。藤原助男触景生情，泪花闪烁，他硬咽地说：“我愿意为中日友好努力到最后，希望永远没有战争。”

敬畏英雄 珍爱和平

撞钟鸣警越来越受重视，开始是以铭记国难、勿忘国耻为主旨，提醒世人勿忘战争的灾难，但其实更重要的是通过撞钟鸣警仪式来敬仰和纪

◎ 抗战浮雕

念民族英雄，珍惜美好生活，珍爱世界和平。

如果没有无数先烈抛头颅洒热血，国难不会除，国耻不能雪。近些年，随着新史料的挖掘，“九一八”除了代表“国难”“国耻”之外，还包含“抗战起点”的重要意义。中国抗战十四年，起点就在九一八事变当夜。十四年抗战中，中国共毙、伤、俘日军155万余人，占日军在第二次世界大战中军队伤亡总数的75%以上，日本战败后向中国投降128.3万余人，占日军海外投降总兵力的50%以上。为了把侵略者逐出自己的家园，为了人民的独立和自由，中华儿女众志成城、共御外侮，为民族而战，为祖国而战，为尊严而战，汇聚成气势磅礴的血肉长城。当日本右翼屡屡篡改历史并参拜靖国神社的时候，我们更不能失去对英勇牺牲的民族英雄的敬仰之心和缅怀之情。

鸣警撞钟仪式也是面向世界的警世钟，尤其是对日本右翼势力的警示。日本军国主义在给中国造成巨大伤害的同时，日本人民同样是战争的受害者。据日本统计，为战争被强征入伍约 720 万人，平均不到两户就有一人被征去当兵。战争是一柄双刃剑，日本右翼势力应该正视历史。那些亲身经历战争的日本人，也应该真正从内心对撞钟鸣警仪式产生共鸣和震撼。

2015 年，习总书记就曾指出：“我们不仅要研究七七事变后全面抗战八年的历史，而且要注重研究九一八事变后十四年抗战的历史，十四年要贯通下来统一研究。要以事实批驳歪曲历史、否认和美化侵略战争的错误言论。”在 2015 年九三阅兵的讲话上，总书记开篇即谈：“70 年前的今天，中国人民经过长达十四年艰苦卓绝的斗争，取得了中国人民抗日战争的伟大胜利，宣告了世界反法西斯战争的完全胜利，和平的阳光再次普照大地。”

1931 年 9 月 18 日，从我们家乡沈阳开始的中国军民伟大的抗日斗争，既是中华民族十四年抗战从这里开始的起点，也拉开了世界反法西斯战争的序幕。今天，我们更应该以高度的责任感担当起弘扬抗战精神的重任，了解历史，牢记国耻，将沈阳建设成抗战历史文化名城，让我们的祖国更加文明富强，我们的沈阳更加美丽富饶!

后 记

为了贯彻落实习近平总书记关于十四年抗战的系列讲话精神，进一步“讲好沈阳故事 传播好沈阳声音 树立好沈阳形象”，沈阳市委宣传部组织编写了《十四年抗战在沈阳打响第一枪——沈阳抗战故事集》。该故事集以“十四年抗战在沈阳打响第一枪”为着眼点，遴选、创作了十三篇对中国抗战史具有重要意义和影响的故事。这些故事以真实而鲜活生动的史实、史料为支撑，通过讲故事这一大众喜闻乐见的形式呈现。该故事集在宣传沈阳抗战历史、弘扬沈阳抗战精神、彰显沈阳地域文化、打造沈阳抗战历史文化名城等方面都将起到重要推动作用。该故事集也将因为在沈阳打响抗战第一枪、在沈阳发布抗战第一篇宣言、沈阳审判日本战犯等重大节点、历史事件的讲述，来吸引更多的研究者与宣传者将目光转向沈阳抗战，探讨和挖掘沈阳的抗战文化，进而推动世界反法西斯战争史、中国抗战史和沈阳抗战历史的研究。我们着力以抗战故事为纽带让沈阳抗战历史、沈阳抗战精神走向全国，走向世界，让中国和世界认识、了解到，沈阳是一座为世界反法西斯斗争做出重大贡献的城市，是一座坚韧不屈、不畏牺牲、奋勇抗战的英雄城市。

长期以来，辽沈专家一直从事沈阳抗战的研究，尤其是对九一八事变以来的抗战研究。按照市委宣传部统一部署，沈阳出版发行集团高度重视，王建学、张洁、张旭东、邱田、陈醒哲、王洪山、张大庸、伏桂明、萧大勇、张文琦、刘杰、张鑫等专家学者及媒体工作者共同完成了本书的编写任务。

值此《十四年抗战在沈阳打响第一枪——沈阳抗战故事集》即将出版之际，我们对付出辛苦劳动的相关部门和编写人员致以诚挚的谢意！鉴于沈阳抗战在中国十四年抗战史和世界反法西斯战争史上的重要地位，我们还将继续深度挖掘、研究沈阳抗战历史，继续整理、收集沈阳抗战史料，编写沈阳抗战故事集，不断传承、弘扬沈阳抗战精神，为打造沈阳抗战历史文化名城提供依据、奠定基础，为振兴沈阳发声助力。

编　者

2017 年 10 月